LA FACE CACHÉE DE HARRY POTTER

« Il ne faut pas toujours se fier à ce qu'il y a écrit dans les livres. »

Professeur Gilderoy Lockhart,
Harry Potter et la Chambre des secrets, J. K. Rowling,
traduit de l'anglais par Jean-François Ménard,
publié par Gallimard Jeunesse en 2017.

Santé, bien-être, vie quotidienne, cuisine, parentalité, psychologie, développement personnel, nature, loisirs et plus encore...
Suivez-nous sur Instagram :
@albinmichel_et_moi

Dr César Pierre Castagné

La face cachée de Harry Potter

Albin Michel

SOMMAIRE

INTRODUCTION

CHAPITRE 1 : À LA DÉCOUVERTE DE LA SAGA *HARRY POTTER*

CHAPITRE 2 : VIES ET MENSONGES D'ALBUS DUMBLEDORE

Partie 1 : Albus Dumbledore, le maître du jeu

Partie 2 : Aux origines du mal

Partie 3 : La guerre des Dumbledore

CHAPITRE 3 : L'HISTOIRE SECRÈTE DE HARRY POTTER

Partie 1 : Les 7 mystérieuses vies de Harry Potter

Partie 2 : Au royaume des rêves

Partie 3 : Au service secret de Dudley

CHAPITRE 4 : RETOUR CHEZ LES DURSLEY

Partie 1 : Les preuves mythologiques

Partie 2 : Un secret chez les Dursley

Partie 3 : Harry le millenial

DÉNOUEMENT

INTRODUCTION

L'EXPÉRIENCE *HARRY POTTER*

La saga *Harry Potter* vient tout juste de fêter ses 27 années d'existence. Depuis son origine, l'engouement que suscite cette fiction se double d'un fabuleux succès commercial préfigurant la mondialisation culturelle au sein de nos sociétés contemporaines. En accompagnant le développement d'Internet et des premières communautés numériques sur les réseaux sociaux, les aventures du petit sorcier produisent une véritable expérience immersive à ses jeunes lecteurs. Non seulement ses péripéties s'égrènent au gré des milliers de pages et des sorties des sept tomes de la série sur plusieurs années, mais se poursuivent en plus par des adaptations filmiques extrêmement populaires, au tournant des années 2010, et par la mise en place d'un site Internet porteur de révélations sur l'intrigue (Pottermore, devenu WizardingWorld.com depuis 2019). C'est donc naturellement que cet enthousiasme pour la série se traduit par des communautés de fans très actives pour échanger sur des forums ou écrire des fanfictions et se prolonge avec des parcs à thèmes (Angleterre, Japon), des *spin-offs* littéraires – la pièce de théâtre *Harry Potter et l'Enfant maudit* – et cinématographiques – la saga *Les Animaux Fantastiques* – venant enrichir un univers plus que jamais foisonnant.

Me concernant, c'est dans le cadre de ma pratique professionnelle de psychiatre psychothérapeute que j'en arrive à découvrir l'œuvre de fiction de l'écrivaine J. K. Rowling. En prenant en charge des patients appartenant à la « génération *Harry Potter* », je me rends compte à quel point l'étude de ce récit offre un formidable support de soins. Parce que, pour certaines personnes en souffrance, les aventures de Harry offrent un refuge inestimable contre des angoisses existentielles et des réalités de vie parfois tragiques, et incarnent un environnement réconfortant représenté par l'internat de Poudlard et par la figure protectrice de son directeur, le vénérable professeur Albus Dumbledore. En ayant littéralement grandi avec ces figures positives et héroïques, au point parfois de s'y identifier et de les utiliser comme modèles, je constate de quelle manière chez certaines personnes ces emprunts favorisent l'émergence d'une psychologie régressive, basée entre autres sur la résolution magique de situations personnelles difficiles. À mon sens, c'est presque un langage codé dont l'existence se dévoile, fondé sur les références, les citations, la connaissance profonde d'une œuvre labyrinthique[1] qu'il s'agit dès lors de maîtriser pour communiquer entre initiés sur un même pied d'égalité. En d'autres termes, et comme Harry lui-même pratique de manière innée la langue des serpents, le Fourchelang, il me faut à mon tour pénétrer dans le monde étrange des sorciers pour mieux comprendre les préoccupations psychologiques de ces patients. Dans un souci d'aide thérapeutique, je me mets donc à apprendre leur langage : en un mot, je décide de faire mienne l'expérience *Harry Potter*[2].

1 - Les escaliers mouvants de Poudlard constituent un dédale à la Escher à chaque déplacement, formant l'allégorie d'un monde en trompe-l'œil qui semble ramener sans arrêt au point de départ et devoir produire un éternel recommencement.

2 - Une homologie existe avec le monde numérique dans lequel la génération des millenials se déplace avec fluidité. Le fait qu'elle utilise les outils informatiques de manière quasi intuitive aboutit à la pratique du mentorat inversé autour du digital, c'est-à-dire que ce sont désormais les juniors qui apprennent aux seniors à savoir communiquer dans ces nouveaux mondes virtuels.

UNIVERSALITÉ DE L'ŒUVRE

Très tôt dans mon cursus de jeune psychiatre, je me passionne dans la recherche de la signification des rêves et de leur bon usage médical. Si je les utilise dans un but thérapeutique, mes résultats restent malheureusement non reproductibles à la frange de patients ne rêvant pas. Dès lors, je me demande comment accéder à un imaginaire dont les symboles pourraient être immédiatement reconnaissables et aisément identifiables par tous. C'est dans ces conditions que j'applique mes outils conceptuels aux fictions cinématographiques. Après tout, un film n'est-il pas une sorte de rêve collectif projeté dans la boîte noire d'une salle de projection, comme nos rêves individuels le sont eux-mêmes dans le secret de nos boîtes crâniennes la nuit ? Les résultats de mon travail m'apparaissant largement exploitables, je parcours désormais un nouveau continent largement négligé par les sciences psychologiques, riche d'un enseignement décisif dans la compréhension de la psyché humaine. Les études culturelles d'œuvres fictionnelles grand public – comédies, blockbusters, films d'animation, séries ou autres sagas de science-fiction – me permettent d'emprunter des exemples concrets et symboliques qui participent à enrichir mes prises en charge. Et voilà comment, au croisement de l'élaboration d'une technique thérapeutique scientifique et de ma rencontre avec des patients fins connaisseurs de la saga *Harry Potter*, mon immersion se réalise dans l'univers du monde magique.

C'est donc par le biais des images cinématographiques que je prends pour la première fois rendez-vous avec les personnages de Harry, Ron et Hermione sur la voie 9 ¾ de la gare de King's Cross, et que je partage ma place avec eux au sein du Poudlard Express en direction du château de Poudlard. Nous sommes alors en 2016, année de sortie au cinéma du premier film de la nouvelle saga initiée par l'écrivaine, *Les Animaux Fantastiques*, et cinq ans après la diffusion de la seconde partie de *Harry Potter et les Reliques de la Mort*. En raison de son immense succès commercial et du nombre important de personnes s'y référant dans ma consultation, je pense avoir trouvé à mon tour la pierre philosophale[3], celle d'une œuvre universelle susceptible d'éclairer la compréhension de problématiques individuelles tout en renseignant sur la mentalité des millenials, ces jeunes gens au psychisme si différent de leurs parents nés avec le nouveau millénaire, l'essor d'Internet et donc avec *Harry Potter*.

Comme chaque lecteur et spectateur, je découvre en image un monde protéiforme et merveilleux, mais aussi sombre et torturé, un monde appréhendé du point de vue de l'enfant, organisé autour d'un ordre social précis et régi par des règles strictes de sorcellerie. Pour parvenir à donner une profondeur de champ à cette fantaisie enfantine, je poursuis sans décrocher mon enseignement à Poudlard. Mais rapidement, la succession de scènes visuelles ébauchant de nombreux personnages nécessite que je recherche des données biographiques et généalogiques sur Internet[4]. Devant la foule d'éléments mis à ma disposition, et la ramification d'une œuvre bien plus profonde que je ne le pensais, je me résous à entamer la lecture de la saga. C'est cette plongée au cœur du travail de l'écrivaine qui me permet d'en tirer la compréhension la plus subtile.

---

3 - La pierre philosophale, fabriquée par l'alchimiste Nicolas Flamel, permet de transformer n'importe quel métal en or et de produire l'élixir de longue vie, qui pourrait permettre à Voldemort de ressusciter. Elle fait l'objet de la quête de Harry et de ses amis dans les souterrains de Poudlard dans le premier tome de ses aventures, *Harry Potter à l'école des sorciers*.

4 - L'écrivaine ayant éparpillé de nombreuses données enrichissant le récit dans des œuvres annexes à la saga littéraire, via les réseaux sociaux ou à l'occasion de conférences, il m'apparut, devant la multitude de ces sources, que la plus exhaustive d'entre elles se trouvait sur Internet.

Ce qui me frappe d'abord à la lecture de *Harry Potter*, c'est la fibre narrative du récit. L'écriture est fluide, simple, accueillante, très clairement à destination des enfants lorsqu'elle fait la part belle aux dialogues et à la magie, qui infiltre sans inquiétude apparente le réel. Dans ce monde enchanteur, tout est inversé mais réversible, tout est ambivalent mais possible, et ce sont surtout les situations qui tiennent lieu de psychologie aux personnages. Invariablement, chaque épisode permet *in fine* la résolution de l'intrigue qui s'est imposée aux héros, tout en révélant si tel ou tel protagoniste leur a été favorable ou non. Malgré la violence des situations traversées, et qui ne cesse de s'amplifier au fur et à mesure des tomes, il est également marquant de constater que les enfants y apparaissent inoxydables et ne portent jamais en eux de syndrome post-traumatique, comme si un mystérieux sortilège d'amnésie s'abattait sur eux en leur permettant d'échapper aux pires horreurs auxquelles ils sont pourtant exposés – Hermione est séquestrée par un troll géant dans les toilettes, Ron est confronté à mille araignées géantes et Harry à des centaines de Détraqueurs dans la Forêt interdite. Loin de les diminuer ou les tétaniser, ces épreuves, aussi terrifiantes soient-elles, leur glissent dessus comme sur des super-héros insensibles, eux qui se montrent capables de passer leurs examens quelques jours seulement après avoir failli mourir. Sans doute faut-il voir dans cette dissonance une part du génie de l'écrivaine, elle qui ne cède rien à une psychologie *réelle* tout en élevant les valeurs de courage, d'amitiés indéfectibles et de solidarité entre élèves comme les seules essentielles à l'épanouissement personnel. Une vie où les actes parlent d'eux-mêmes, comme l'indique Dumbledore à Harry lorsqu'il revient de la mort à l'infirmerie de Poudlard après avoir vaincu le serpent Basilic, et où tout sous-texte psychologique est soigneusement écarté. Une vie où les émotions les plus intimes ne s'expriment pas et où la mort devient une compagne quasi familière que l'on côtoie sans crainte puisque l'on en revient. Une vie favorable de sorcier où tous les caprices enfantins se réalisent et où des punitions anecdotiques n'empêchent jamais de faire de nouvelles expériences transgressives. Une vie dont la nature augmentée ressemble à une vie humaine, alors qu'elle ne l'est plus tout à fait. D'ailleurs, c'est sans doute la promesse de cette métamorphose éternelle et si facilement à portée de mains qui permet à la saga de capturer l'imaginaire et la jeunesse du nouveau millénaire.

PUISSANCE PROTECTRICE DE L'IMAGINAIRE ?

On le voit, *Harry Potter* préfigure un monde à venir où tout est permis, un monde caché où les enfants sont rois et entreprennent ce qu'ils veulent à l'abri du regard parental. Cela fait une nouvelle fois penser au monde d'Internet qui, en parallèle des aventures de Harry, développe un modèle promouvant l'existence d'avatars numériques. Dans cet univers dématérialisé, les enfants sont rois, et aussi un peu sorciers lorsqu'ils développent des connaissances informatiques les rendant capables tout à la fois d'influer sur le monde réel, de se métamorphoser en s'inventant d'autres vies ou de rejoindre des communautés elles-mêmes susceptibles de valider leur double existence au nom de cette forte croyance dans les pouvoirs de la métamorphose.

Dès lors, il semble que J. K. Rowling ait annoncé par son œuvre ce changement puissant de mentalité, celle d'un nouveau millénaire appartenant désormais à des enfants héros capables de s'autodéterminer loin des adultes, de se réinventer, voire de gagner l'immortalité grâce à leurs avatars. Au-delà des sombres machinations, Poudlard n'est-il pas cet endroit rassurant au sein duquel on peut tester ses nouvelles identités (cape d'invisibilité, Polynectar) sous la protection bienveillante de son bienfaiteur ? À la fin des premiers tomes de la saga, le directeur Albus Dumbledore gratifie ainsi, et cela de manière systématique, les jeunes héros revenant d'entre les morts de friandises, de chocolat chaud ou de points pour leur maison Gryffondor. Sa présence signe le *happy ending*, la certitude du travail bien fait et la compréhension de ce vaste mouvement d'ensemble auquel ils viennent d'être si courageusement exposés. Centenaire bon pied bon œil, seul Albus Dumbledore connaît les tenants et les aboutissants du récit et tire de leurs expériences les enseignements devant les aider à se construire individuellement, sa parole ne pouvant être remise en question. Mais malgré le fait qu'il se tienne à hauteur d'enfants, et les encourage sans cesse à transgresser l'autorité qu'il est lui-même censé représenter, tout en multipliant les facéties ou en discréditant de manière complice certains professeurs pourtant ses amis (Rogue, Trelawney), l'emprise qu'il exerce sur ses étudiants en tant que grand sorcier est totale. Dès lors, la dualité de ce personnage prétendument favorable, mais ne cessant d'intercéder dans des aventures dont il semble tirer de mystérieux bénéfices, devient pour moi un sujet d'interrogation à mesure que je progresse dans l'histoire.

Et si, au fond, cette puissance sans limite de l'imaginaire ne constituait pas un piège redoutable ? Parce qu'à trop promouvoir la liberté, ne revient-on pas en fait à devoir enfermer ? Il me revient alors à l'esprit la même leçon d'Albus Dumbledore faite à Harry, toujours après l'épisode du Basilic, où il lui explique doctement que ce sont ses choix qui parlent pour lui et qui en font une bonne ou une mauvaise personne, et que c'est d'ailleurs pour cela que le Choixpeau a décidé de l'envoyer dans la maison de Gryffondor, et non celle de Serpentard, parce qu'il l'a simplement voulu et désiré de tout son être. Selon cette leçon, c'est un enfant de 12 ans qui doit parvenir à déterminer seul ce qui est bon pour lui, sans aide ni assistance adulte, et qui engage pour cela sa responsabilité si d'aventure il devait se tromper. Si on ajoute à cela le fait que, l'instant qui précède, Albus Dumbledore lui révèle qu'il porte en lui un fragment de Voldemort expliquant qu'il parle de manière innée le Fourchelang, j'arrive à la conclusion que même si Harry subit l'influence néfaste d'une emprise toxique et destructrice, et quand bien même il ne peut pas produire de consentement, il est responsable des conséquences de ses choix, aussi graves soient-elles[5].

À PROPOS DE MALTRAITANCE ENFANTINE

Ce paradoxe vivant que représente Albus Dumbledore, figure positive imposant pourtant des problèmes insolubles aux enfants, m'a amené à m'interroger sur la question de la maltraitance enfantine au sens large. Car à la manipulation affective que subit Harry de la part de son mentor dans le monde magique répondent les carences affectives majeures et la maltraitance physique que lui fait subir son cousin Dudley Dursley chez les Moldus. La question de la maltraitance enfantine est ainsi exposée par l'écrivaine de manière frontale dès son introduction de la saga, non seulement à travers les souffrances ressenties par notre petit sorcier dans sa famille adoptive, mais aussi à travers celles d'un Dudley qui étouffe sous le poids de la surprotection parentale. Rempli de frustration et impuissant à se révolter, il n'a dès lors comme autre choix que de se métamorphoser peu à peu en un monstre tyrannique prenant son cousin Harry comme bouc émissaire.

---

5 - Cet épisode me fait penser à un autre conte bien connu des enfants, *Les Aventures de Pinocchio*, et notamment à l'épisode du cocher. Ce dernier enlève des enfants la nuit, les enferme dans un parc d'attractions où ils s'adonnent à toutes sortes de jeux sans limite et sans contrôle adulte, avant que le piège ne se referme sur eux : ils sont transformés en ânes et envoyés à la mine sous son autorité tyrannique. À cette promesse d'être libre se substitue donc celle d'être vulnérable parce que sans repère, finalement manipulable comme pourraient l'être tous les enfants de Poudlard sans figure parentale identifiable.

Pour revenir sur le cas de Harry, sa maltraitance enfantine prend corps dans une réalité sociale, ce qui l'inscrit dans la grande tradition littéraire anglo-saxonne en le faisant lointain descendant d'Oliver Twist, héros du livre éponyme de Charles Dickens contant les tribulations d'un jeune orphelin maltraité de l'époque victorienne. Orphelin de père et de mère, adopté à contrecœur par le couple que forme sa tante maternelle, Pétunia, avec Vernon Dursley, sadisé donc par son cousin germain Dudley, Harry est la figure de l'enfant martyr, subissant brimades, vexations et humiliations, réduit à dormir dans un cagibi, souffrant de manque affectif profond et porteur d'un secret de l'origine qui ne lui est que tardivement dévoilé. Son départ vers Poudlard marque une pause dans cette vie misérable d'esclave, constituant en soi une échappée vers un monde dont l'enchantement n'est que temporaire. D'une certaine manière, il déménage/transplane d'un environnement socio-culturel inconfortable, représenté par une petite maison de banlieue triste et commune, vers un monde magique qui s'avère être une mise en abyme du caractère dramatique de sa vie entière (effroi des situations, angoisse de mort, révélations traumatiques du secret de l'origine, multiples traumatismes crâniens avec perte de connaissance). Car toutes sortes de carences restent identifiables sous les ors de Poudlard : les figures adultes sont souvent défaillantes, le sentiment d'insécurité est grandissant, les rapports avec le monde des humains (les Moldus) sont souvent dominés par l'angoisse paranoïaque d'être découvert, la torture, les rivalités et les trahisons sont communes, les angoisses de séparation, d'abandon et de mort sont légion... Si la saga tente par son dénouement heureux et ses accents volontaristes d'apporter une réponse positive, une question reste cependant en suspens : si Harry passe d'une maltraitance visible à une autre bien plus sournoise, parvient-il finalement à soigner le mal qui le ronge et à réellement se sauver ?

UN RÉCIT INITIATIQUE

La question du devenir de Harry est au cœur même de cet ouvrage. Cet enfant défend-il vraiment ses intérêts ou est-il le fruit d'une impensable manipulation faisant de lui, par son sacrifice, un vecteur de guérison ? Sa promotion à Poudlard en est-elle vraiment une ? Et n'aurait-il pas mieux valu dans son intérêt personnel qu'il parvienne à refuser d'être confié à Albus Dumbledore ? Découvrir ou relire aujourd'hui *Harry Potter* avec des yeux critiques, c'est donc accepter de parcourir un nouveau cheminement initiatique, apprendre à éduquer son regard afin d'observer ce qui pourtant était montré aux yeux de tous et qui crevait les yeux. Comme je l'expose dans ce travail, la structure dynamique d'un récit peut dévoiler d'autre sens à tous ceux désireux de mieux y regarder, un sens désormais si différent qu'il peut aboutir à des changements de paradigmes et à de grands bouleversements personnels. Parce qu'il s'agit de comprendre que la souffrance mentale n'est bien souvent que la conséquence d'un roman intime et familial que l'on s'impose défavorablement. Comprendre la structuration des récits, apprendre à lire entre les lignes, à relever les symboles, les zones d'ombre et les non-dits, traquer les secrets de l'origine, appréhender les mécanismes qui transmettent les traumatismes dans les lignées, c'est se donner ensuite la chance de s'interroger soi-même sur ses propres croyances et les remettre en question.

Alors Harry est-il victime ou coupable ? Et Albus Dumbledore, coupable ou victime ? Quelle est la véritable nature de leur relation ? Et quelle est la finalité de ce voyage à Poudlard ? L'existence perpétuelle de ce monde sorcier n'est-elle pas en soi contestable ? Et à propos de Dudley, n'est-il vraiment que ce cousin si détesté de Harry ?

En terminant la rédaction de cette introduction, je ne peux m'empêcher d'avoir une pensée pour ces jeunes (et moins jeunes !)

lecteurs de *Harry Potter*, à ces 500 000 000 de personnes qui ont comme lui vibré au gré de ses aventures, ont palpité à ses matchs de Quidditch, ont grandi avec lui et se sont émerveillés tout comme lui. Ces gens ont comme moi plongé dans un monde saisissant, souvent surprenant et parfois effrayant, à l'évocation aussi tendre qu'envoûtante. À ces lecteurs, à tous ces connaisseurs ou ceux qui auront envie de découvrir l'œuvre à la lecture de cet ouvrage, je dirais que relire les *Harry Potter* aujourd'hui avec un regard critique n'en éclipse pas la magie, mais la révèle une seconde fois, sous un autre jour. C'est amener à toucher du doigt quel incroyable pouvoir le conte possède de livrer un enseignement qui n'est jamais celui auquel on aurait pensé. Dès lors, si ce travail peut œuvrer à une éducation par la lecture, à aiguiser le sens critique grâce au décryptage des récits et à finalement *réellement* permettre de s'émanciper et de quitter Poudlard, j'aurai réussi dans mon entreprise. Alors à présent, et comme le dirait Harry lui-même : « *Lumos !* »

I

À la découverte de la saga

HARRY POTTER

Avant de s'approcher du cœur palpitant de la saga *Harry Potter* et de mettre au jour ce grand mystère qui, comme le disait elle-même l'écrivaine J. K. Rowling, « en un sens explique tout », il s'agit d'abord de se familiariser avec la structure narrative et les règles d'une œuvre colossale, riche de 4 500 pages de lecture et d'une vingtaine d'heures de visionnage.

Œuvre de fantasy, la saga s'étale sur une temporalité de sept années correspondant aux sept années d'études du jeune Harry Potter dans le collège de Poudlard, et cela de telle manière que chaque livre correspondе à une année d'étude entre ses 11 et 17 ans. La saga conte ainsi l'éveil et l'éducation à la sorcellerie d'un enfant découvrant ses pouvoirs et son secret de l'origine, puisque ses parents ont été assassinés alors qu'il n'avait qu'un an et a été adopté par sa tante maternelle, Pétunia Dursley, au sein d'une famille de Moldus maltraitante – comprenez des humains non dotés de pouvoirs magiques. Au fur et à mesure de l'apprentissage que lui délivre Albus Dumbledore, le directeur de Poudlard, il fait face à la menace grandissante de Voldemort, le meurtrier de ses parents, qu'il finit par affronter en un combat singulier lors du dernier tome de la saga.

Roman d'initiation mais aussi conte fantastique, Harry s'éveille à la vie lors de chaque année d'étude passée à Poudlard. Il devient ami avec Ron Weasley et Hermione Granger, lutte de manière rivale avec son ennemi juré Drago Malefoy, tombe amoureux de Cho Chang puis de Ginny Weasley, se fait « adopter » par la famille sorcière des Weasley aussi généreuse qu'iconoclaste, tout en étant confronté à une série de deuils et d'épreuves de plus en plus cruelles. À côté de cela, il découvre les créatures étranges et la géographie du monde magique, ainsi que les codes, règles et autres sortilèges qui régissent l'usage de la sorcellerie.

Si j'expose effectivement à la fin de ce chapitre le traumatisme inaugural se trouvant selon moi au cœur du monde magique, celui dont découlent toutes les motivations et les actions des personnages clés, je veux auparavant m'attacher à décrire quelques éléments structurels répétitifs propres à un récit m'apparaissant paradoxal à bien des égards. Un peu comme si l'écrivaine avait constitué un vaste plateau de jeu et un corpus de règles pour y jouer qui en réalité ne pouvait fonctionner qu'à moitié. Oui, il y a bien une autre histoire que celle qui nous est racontée, et qui se dévoile lorsque l'on met bout à bout l'ensemble de ces paramètres incongrus, que ce soit l'ambiguïté que génère la présence de référents adultes ou le fait que le temps semble bégayer dans le monde magique. En ne s'écoulant plus de manière linéaire mais à rebours, le temps devenu circulaire épouse en effet la composition d'un récit chargé de motifs récurrents, porteurs de sens. Comme si tous ces éléments formaient finalement entre eux différents niveaux de protection autour du secret profondément enfoui dont l'autrice cherche à nous détourner. Cette première approche en survol me permet de détailler ici les quelques notions psychologiques fondamentales pour mieux comprendre la genèse de ce monde magique. Et de cette manière aussi, servir de point de départ à mon enquête dès la deuxième partie.

UN RÉSUMÉ DE LA SAGA *HARRY POTTER*

Dans le premier tome de la saga, *Harry Potter à l'école des sorciers* (1997), le jeune orphelin Harry voit débarquer chez les Dursley, la veille de ses 11 ans, un gentil demi-géant prénommé Hagrid venant lui annoncer qu'il doit intégrer, à la rentrée scolaire, le collège de sorcellerie de Poudlard. Jusqu'à ce moment, il a vécu une vie misérable avec sa tante Pétunia, son oncle Vernon et son cousin Dudley, qui le maltraitent constamment. Harry apprend à cette occasion qu'il est célèbre dans le monde magique pour avoir survécu étant enfant à une attaque du mage noir Voldemort qui a tué ses parents. Voldemort a mystérieusement perdu ses pouvoirs après cette tentative d'assassinat, et Harry s'est retrouvé avec une cicatrice en forme d'éclair sur le front.

Il se rend donc à Poudlard où il est placé dans la maison Gryffondor. Il se lie d'amitié avec Ron Weasley et Hermione Granger ; ensemble, ils découvrent les merveilles et les mystères de l'école. Il montre un talent particulier pour le Quidditch, un sport populaire chez les sorciers, et devient attrapeur pour l'équipe de Gryffondor. Pendant l'année, Harry et ses amis découvrent l'existence de la pierre philosophale, un objet magique qui procure l'immortalité. Ils s'aperçoivent que quelqu'un essaie de la voler et soupçonnent le professeur Severus Rogue. Après de nombreuses aventures et épreuves, ils découvrent que c'est en réalité le professeur Quirrell qui est derrière le complot, manipulé par un Voldemort affaibli.

Harry finit par affronter Quirrell et Voldemort, tout en parvenant à protéger la pierre grâce à l'aide d'Albus Dumbledore, le directeur de Poudlard. À la fin de l'année scolaire, Gryffondor remporte la coupe des Quatre Maisons, et Harry retourne chez les Dursley pour l'été, impatient de revenir à Poudlard.

Deuxième roman de la série, *Harry Potter et la Chambre des secrets* (1998) voit Harry revenir à Poudlard pour sa seconde année après avoir passé un été difficile chez les Dursley. Avant son départ, il reçoit la visite d'un elfe de maison nommé Dobby, qui l'avertit de ne pas retourner à Poudlard car de terribles dangers l'y attendent. Malgré ces avertissements et une tentative des Dursley de l'enfermer, Harry est sauvé par Ron Weasley et ses frères dans une voiture volante.

À Poudlard, des événements étranges commencent à se produire : quatre élèves nés de parents Moldus et le chat du concierge Argus Rusard sont pétrifiés, et des messages inquiétants apparaissent sur les murs, indiquant que la mystérieuse Chambre des secrets a été ouverte. Selon la légende, elle contient un monstre libéré par l'héritier de Serpentard pour éliminer les élèves nés de parents Moldus.

Harry découvre en même temps qu'il est capable de parler aux serpents, une rare capacité connue sous le nom de Fourchelang, ce qui amène certains à le soupçonner d'être l'héritier de Serpentard. Harry, Ron et Hermione enquêtent sur les événements et découvrent que la Chambre a été ouverte cinquante ans auparavant, et qu'un élève nommé Hagrid en avait été accusé à tort. Leurs investigations les mènent à découvrir que le journal de Tom Jedusor, un étudiant de l'époque, est en fait un Horcruxe contenant une partie de l'âme de Voldemort.

Ce journal permet à Tom de posséder Ginny Weasley, la sœur de Ron, et de la forcer à ouvrir la Chambre des secrets. Harry et Ron découvrent son entrée et Harry y descend pour la sauver. Il y rencontre Tom Jedusor, qui révèle être Voldemort dans sa jeunesse. Tom libère le monstre de la Chambre, un gigantesque serpent nommé le Basilic, mais Harry parvient à le vaincre grâce à l'épée de Gryffondor.

Le héros détruit le journal de Tom avec un crochet empoisonné du monstre, sauvant ainsi Ginny et mettant fin à la menace. Hagrid est disculpé, et Dobby est libéré de l'esclavage des Malefoy grâce à un stratagème de Harry.

Troisième roman de la série, *Harry Potter et le prisonnier d'Azkaban* (1999) voit Harry entamer sa troisième année à Poudlard avec des nouvelles inquiétantes : Sirius Black, un dangereux prisonnier, s'est échappé de la prison d'Azkaban. On dit que Black est un partisan de Voldemort et qu'il est venu à Poudlard pour tuer Harry. Pendant l'été, après une altercation avec sa tante Marge, Harry quitte précipitamment la maison des Dursley et retourne à Poudlard, malgré les risques, accompagné de ses amis Ron et Hermione.

L'école de magie est surveillée par les Détraqueurs, des gardiens d'Azkaban qui peuvent se nourrir de la joie de leurs victimes et leur enlever toute raison de vivre. Harry est particulièrement affecté par leur présence et apprend à produire un patronus, un sort de défense contre eux, grâce à l'aide de Remus Lupin, le nouveau professeur de défense contre les forces du Mal.

Au fil de l'année, Harry s'aperçoit que Sirius Black était un ami proche de ses parents et est accusé de les avoir trahis, ainsi que d'avoir tué Peter Pettigrow et douze Moldus. Cependant, lors d'une confrontation finale, Harry, Ron et Hermione découvrent la vérité : Peter Pettigrow est en fait vivant et se cache sous la forme de Croûtard, le rat de Ron. Il est le véritable traître qui a livré les Potter à Voldemort. Sirius Black est innocent, et Lupin se révèle être un loup-garou. À la fin, avec l'aide d'Hermione et de son Retourneur de Temps, Harry parvient à sauver Sirius et un hippogriffe nommé Buck, permettant à Sirius de s'échapper. Lupin, dont la condition de loup-garou est devenue publique, démissionne de son poste de professeur.

Quatrième roman, *Harry Potter et la Coupe de feu* (2000) met en scène Harry durant sa quatrième année à Poudlard, marquée par la tenue du prestigieux Tournoi des Trois Sorciers. Ce tournoi oppose trois écoles de sorcellerie : Poudlard, Beauxbâtons, et Durmstrang. Les champions de chaque école sont choisis par la Coupe de feu, un artefact magique. Étrangement, Harry est sélectionné comme un quatrième champion malgré son jeune âge et sans avoir soumis son nom.

La première tâche du tournoi consiste à récupérer un œuf d'or gardé par un dragon. Harry utilise son balai, l'Éclair de Feu, pour réussir cette tâche.

La deuxième tâche du tournoi consiste à sauver des êtres chers retenus sous l'eau par des créatures marines. Harry utilise des branchiflores pour respirer sous l'eau et sauve non seulement Ron, son ami désigné, mais aussi la sœur de Fleur Delacour, gagnant des points pour sa bravoure.

La troisième tâche voit les champions naviguer dans un labyrinthe rempli de créatures et d'obstacles magiques pour atteindre la Coupe de feu. Harry et Cedric Diggory atteignent ensemble la coupe et décident de la toucher simultanément.

Mais en réalité, la Coupe de feu est un Portoloin qui transporte Harry et Cedric dans un cimetière. Là, ils sont confrontés à Peter Pettigrow (Queudver) et au renaissant Voldemort. Cedric est tué sur ordre de Voldemort. Utilisant le sang de Harry, Voldemort retrouve un corps physique. Harry réussit à lui échapper et retourne à Poudlard avec le corps de Cedric.

Il révèle alors le retour de Voldemort, mais beaucoup, y compris le ministère de la Magie, refusent de le croire. Alastor « Fol Œil » Maugrey, le professeur de défense contre les forces du Mal, s'avère être un imposteur : Barty Croupton Jr., un Mangemort partisan de Voldemort, utilisait du Polynectar pour se déguiser. Le véritable Maugrey est sauvé, et Croupton est capturé.

Harry Potter revient à Poudlard pour sa cinquième année dans le cinquième livre de la série, *Harry Potter et l'Ordre du Phénix* (2003). Le monde des sorciers reste indifférent face au retour de Voldemort, le ministère de la Magie refuse d'y croire, et la presse, notamment *La Gazette du sorcier*, mène une campagne de dénigrement contre Harry et Dumbledore. Harry découvre alors que Dumbledore a réactivé l'Ordre du Phénix, une organisation secrète de sorciers et sorcières combattant Voldemort. Le quartier général de l'Ordre est situé au 12, Square Grimmaurd, la maison de Sirius Black.

Envoyée par le ministère comme nouvelle professeur de défense contre les forces du Mal, Dolores Ombrage impose des règles strictes et punitives à Poudlard, semant la terreur parmi les élèves et les professeurs. Harry, Ron et Hermione créent secrètement « l'Armée de Dumbledore » (AD) pour enseigner des sorts de défense aux élèves. Peu à peu, Harry est sujet à des visions du point de vue de Voldemort, révélant des attaques et des actions des Mangemorts. Ces visions le conduisent à une prophétie cachée dans le Département des mystères au ministère de la Magie. Cette prophétie concerne Harry et Voldemort et indique que l'un ne peut vivre tant que l'autre survit. Finalement trompés par une vision de Voldemort qui les pousse à croire que Sirius est en danger, Harry et ses amis (Ron, Hermione, Neville, Luna, et Ginny) se rendent au ministère et tombent dans un piège tendu par les Mangemorts. Une bataille s'ensuit, et des membres de l'Ordre du Phénix viennent à leur aide. Sirius est tué par Bellatrix Lestrange.

Cette bataille a pour conséquence que Dumbledore révèle à Harry la vérité sur la prophétie : Voldemort l'avait déjà partiellement entendue, ce qui l'a conduit à attaquer Harry bébé. Harry apprend également qu'il devra, en fin de compte, affronter Voldemort, car « l'un des deux doit mourir de la main de l'autre ».

Dans *Harry Potter et le Prince de sang-mêlé* (2005), Harry commence sa sixième année à Poudlard alors que la guerre contre Voldemort s'intensifie. Le ministère de la Magie ainsi que le monde des sorciers sont en état de vigilance constante. Harry retrouve un vieux manuel de potions appartenant à un mystérieux « Prince de sang-mêlé », rempli de notes et de sorts avancés. Grâce à ce livre, il excelle en potions, impressionnant son nouveau professeur, Horace Slughorn, et découvrant des sorts puissants, notamment le Sectumsempra.

Dumbledore donne des leçons privées à Harry, explorant les souvenirs de diverses personnes pour comprendre le passé de Voldemort. Ils découvrent l'existence des Horcruxes, des objets dans lesquels

Voldemort a caché des fragments de son âme pour atteindre l'immortalité. Pour détruire Voldemort, il faut détruire tous les Horcruxes. Dumbledore et Harry finissent par récupérer l'un d'entre eux, caché dans un médaillon, mais découvrent plus tard qu'il est faux, contenant un message de « R.A.B. », en réalité le frère cadet de Sirius Black.

Dans le même temps, Harry soupçonne Drago Malefoy de mener une mission pour Voldemort. Il a raison, car Drago tente de tuer Dumbledore sur ordre de Voldemort. Malefoy est incapable de le faire, mais Severus Rogue intervient et tue Dumbledore à sa place. Rogue révèle alors qu'il est le Prince de sang-mêlé. La mort de Dumbledore laisse l'école en deuil et le monde des sorciers plus vulnérable que jamais.

Harry Potter et les Reliques de la Mort (2007) est le septième et dernier roman de la série *Harry Potter* écrite par J. K. Rowling. Avec Ron et Hermione, Harry se lance dans une quête périlleuse pour trouver et détruire les Horcruxes de Voldemort, qui sont essentiels à sa survie.

Harry quitte définitivement la maison des Dursley et est transporté en sécurité par l'Ordre du Phénix, mais l'opération tourne mal et Alastor Maugrey est tué. Au mariage de Bill Weasley et Fleur Delacour, les Mangemorts les attaquent, mais les trois héros parviennent à s'échapper : ils ont en leur possession l'héritage de Dumbledore pour mener leur quête à terme, à savoir un Déluminateur pour Ron, un livre de contes pour Hermione et le Vif d'or pour Harry contenant la Pierre de Résurrection. Cette dernière compose avec la Cape d'Invisibilité et la Baguette de Sureau les Reliques de la Mort, qui font de celui qui les possède le Maître de la Mort.

Finalement, ils sont capturés dans leur fuite et emmenés de force au manoir des Malefoy. Dobby, l'elfe de maison, les sauve mais meurt durant son intervention. Ils réussissent à s'échapper, puis à détruire plusieurs Horcruxes.

De retour à Poudlard, Harry, Ron et Hermione cherchent le dernier Horcruxe. Une bataille épique s'engage entre les forces de Voldemort et les défenseurs de Poudlard. Pour sauver ses amis, Harry se sacrifie dans la Forêt interdite en se laissant tuer par Voldemort, mais revient à la vie grâce à la protection de l'amour de sa mère. Lors de la bataille finale, Harry révèle que la Baguette de Sureau lui appartient, et Voldemort est tué par sa propre malédiction lorsqu'elle se retourne contre lui.

Dix-neuf ans plus tard, Harry et Ginny, Ron et Hermione ont des enfants qui vont à Poudlard. La paix est rétablie dans le monde des sorciers.

HARRY POTTER, UN CONTE SI ENFANTIN ?

Si aujourd'hui les livres de la série *Harry Potter* sont plutôt conseillés à partir de l'âge de 10 ans, voire de 13 ans pour les derniers tomes de la saga, le phénomène ayant accompagné leur sortie a initialement concerné des classes d'enfants bien plus jeunes. À propos des films, les avis s'accordent pour placer la limite d'âge de visionnage à 10 ans. Il est vrai qu'une réelle ambiguïté existe dans un récit faisant sans cesse osciller son registre de la légèreté à la gravité, du jeu à la guerre, de l'innocence à la culpabilité, et de l'enchantement à l'horreur. Les situations trépidantes ne parviennent pas à faire oublier qu'il est souvent question de mort, de torture et de traumatisme autour de Harry, et que son sort n'apparaît pas, au bout du compte, aussi enviable qu'il en a l'air. La sympathie qu'inspire son personnage fait peu à peu place à une empathie tragique par rapport à ce qu'il subit, voire à une forme de pitié concernant l'accumulation des peines qu'il doit surmonter. En forçant le trait, Harry porte un poids existentiel de plus en plus lourd par comparaison à celui porté par son mentor, Albus Dumbledore, qui reste espiègle et facétieux tout en contemplant les évènements du haut de ses 115 ans environ.

Cette contradiction au sein même de l'œuvre est un point d'entrée intéressant pour essayer d'en comprendre le fondement. Car peut-être est-ce en partie dans ce paradoxe sous-jacent – initier un récit enfantin pour le faire évoluer vers des traumatismes adultes – que se situe l'origine de son phénomène de masse. N'est-ce pas dans l'inversion des places entre adultes insouciants et enfants angoissés – les enfants de Poudlard jouant souvent un rôle de lanceurs d'alerte pour des adultes incrédules et dépassés – que pourrait se situer son vertigineux pouvoir d'attraction ?

Dans un premier temps cependant, la longue lecture de la série ne laisse aucune place au doute : nous ne sommes pas face à une œuvre maléfique, capable d'ensorceler le lecteur à la manière du journal intime de Tom Jedusor, mais bien dans de la littérature jeunesse. La ligne claire de l'écriture, les personnages croqués par le style vif et précis de l'écrivaine, le rythme soutenu de l'intrigue, les situations successives loufoques et incongrues associées à de petites touches d'humour, saisissent le lecteur en le conduisant avec un maximum de clarté au travers des aventures de ses héros. Pour cela, l'auteure ne se prive pas de faire de nombreux rappels ou d'éclairer ses propos en usant du dialogue explicatif à l'attention des plus jeunes. À cet égard, le chapitre inaugural de la saga est révélateur de cette étrange familiarité recherchée par l'écrivaine. Une scène archétypale de nativité aux forts accents bibliques est ici revisitée, trois bonnes fées comme autant de rois mages iconoclastes – une femme chat, un demi-géant déboulant sur une moto volante et un vieux druide éteignant les lumières à distance – se rassemblant sur le perron d'un pavillon pour y déposer le couffin d'un bébé divin.

On ne saurait donc s'y tromper : le personnage de Harry, qui suscite dès le premier instant notre tendresse en raison de sa condition d'enfant abandonné et maltraité, va nous servir de guide. Nous découvrons donc le monde sorcier à hauteur d'enfant, à sa hauteur. Car Harry est un narrateur présent durant chaque scène du livre, qu'elles soient réelles ou virtuelles, qu'il y soit représenté comme bébé ou enfant, adolescent ou jeune adulte.

La naïveté de son regard sur les situations qu'il affronte – il classe le monde en deux camps opposés s'affrontant, le bon et le mauvais – se prolonge non seulement par un procédé d'écriture répétitif, la progression de l'intrigue se faisant quasi exclusivement au travers de discussions surprises ou épiées, mais également par une homologie très identifiable dans la construction du récit. Chaque livre de la saga débute ainsi par des scènes au sein de la famille Dursley, avant que Harry n'arrive à Poudlard, n'y joue au Quidditch et n'y reçoive ses cours magiques, puis mène une ou plusieurs quêtes avec ses amis, pour que les péripéties finales se précipitent en fin d'année scolaire dans la Forêt interdite, et qu'enfin Dumbledore lui apporte son éclairage avisé sur des situations dont il a tiré les ficelles. Sans doute faut-il voir dans l'usage de cette même trame narrative le souci de l'auteure de ne pas perdre en chemin ses plus jeunes lecteurs.

PARADOXES

L'ARMÉE DES MORTS DE HARRY

Si *Harry Potter* se dévoile être une série à destination des enfants, je repère cependant au moins deux situations paradoxales dans l'œuvre la faisant glisser dans un autre registre.

La première dissonance concerne son héros principal. Harry se retrouve en effet confronté à une succession de deuils tragiques plus évocateurs de la vie d'un adulte ayant avancé en âge que celle d'un jeune collégien. Or, en s'accusant de faire du mal à ses amis et en portant la culpabilité de la disparition de ses proches, il devient un héros paradoxal, voire un anti-héros. Car à mieux y regarder, et si l'on fait à présent le compte, il perd d'abord ses parents des suites d'un odieux assassinat ; quant aux parents de son ami Neville Londubat, ils sont torturés à cause d'une mauvaise interprétation de la prophétie qui l'unit à Voldemort (donc par « sa faute ») ; il voit mourir à l'âge de 14 ans son ami et grand frère de cœur Cedric Diggory qu'il ne parvient pas à sauver, avant de perdre à l'âge de 15 ans son parrain Sirius Black, qui se sacrifie en le défendant contre les effrayants Mangemorts, puis à 17 ans sa chouette Hedwige, son ami Dobby, son mentor Dumbledore et son protecteur secret Severus Rogue. Le carnage final de la Bataille de Poudlard parachève son parcours sanguinaire puisque l'on ne dénombre pas moins d'une cinquantaine de décès de sorciers combattant avec lui. C'est donc un total ahurissant de près d'une soixantaine de proches ou de moins proches qu'il perd dans un intervalle de temps de sept ans ! Et à chaque fois, d'en porter la responsabilité sans qu'aucun adulte n'ait la présence d'esprit de se soucier de sa santé mentale. Tous ces braves tombés au combat pour défendre l'Élu face au retour de Voldemort forment ainsi autour de lui une véritable armée des morts. À cette hécatombe au sein de ses amis, il s'agit d'ajouter les situations où lui-même frôle la mort – je dénombre neuf traumatismes crâniens avec perte de connaissance dans la série de livres, un peu moins dans la saga cinématographique –, les situations où il souffre de commotion cérébrale (les brûlures de sa cicatrice lui produisent tout à la fois choc physique et hallucinations sensorielles), celles où il est torturé des mois durant par le professeur Ombrage ou celles où il assiste impuissant aux souffrances de ses meilleurs amis.

Cette succession improbable de cadavres qui jalonnent le parcours de Harry, on le comprend aisément, fait glisser le registre des premiers livres de la fantasy enfantine vers la littérature à tendance gothique et horrifique. Harry, en grandissant, perd ainsi sa spontanéité et sa joie de vivre pour devenir une vieille âme, un spectre déscolarisé et continuellement en fuite dans le dernier livre (il y porte de manière constante la cape d'invisibilité), un être maudit vivant pratiquement à l'état sauvage dans les bois et les montagnes à la manière d'un Voldemort affaibli cherchant refuge dans la Forêt interdite. Conscient du mal qu'il produit autour de lui, il continue pourtant de vouloir incarner son statut d'Élu jusqu'au bout, contenant ses émotions, refusant de donner libre cours à ses sentiments (il tient sa petite amie Ginny à distance pour se préparer au combat final, il ne prononce pas un mot sur la tombe de son ami Dobby), s'endurcissant pour parachever son destin. L'Élu lumineux qui voltigeait dans les airs avec agilité fait place à un Élu terre à terre, sombre et torturé, ayant accepté le prix à payer pour sauver le monde des sorciers : celui de sa culpabilité intériorisée. Comme Grindenwald au même âge, il finit au nom de sa lutte idéalisée par semer le mal autour de lui « pour le plus grand bien ». Il devient ainsi celui qu'il n'aurait jamais dû être : l'unique titulaire des Reliques de la Mort, en un sens le seul maître de la mort.

UNE ADOLESCENCE SANS SEXUALITÉ

À cette première dissonance d'un héros positif se sentant coupable de devenir le monstre qu'il est lui-même en train de combattre s'en ajoute une seconde lorsque l'œuvre fait plonger ses personnages dans une adolescence sans sexualité apparente. Car rien dans le visionnage ou la série de livres ne mentionne explicitement des désirs charnels ou l'initiation de la moindre vie sexuelle, quelques chastes baisers étant simplement échangés entre les différents protagonistes (Hermione/Viktor, Ron/Lavande, Harry/Cho, Harry/Ginny, Ron/Hermione). Comme le fait de prononcer le nom de Voldemort est frappé de tabou, la sexualité est la grande absente de la saga *Harry Potter*. Nos adolescents, qui vivent pourtant coupés du monde plusieurs mois de l'année dans un internat mixte aux mille recoins, semblent ainsi plus occupés à peaufiner leurs sortilèges qu'à expérimenter leurs stratégies de séduction, si l'on excepte quelques scènes de jalousie lors du bal de Noël.

Pourtant, là encore, les apparences d'une enfance idéalisée restent trompeuses à Poudlard, haut lieu d'enseignement de l'art magique et de la métamorphose. Car si la sexualité n'est pas nommée, elle s'y trouve fortement symbolisée dans une version sombre et angoissée. Deux passages en particulier ont retenu mon attention. Le premier concerne le professeur Dolorès Ombrage, personnage cruel à la solde du ministère que J. K. Rowling apparente physiquement à un crapaud. Cette dernière humilie et torture Harry une année durant[6], avant qu'elle ne soit finalement châtiée pour sa condescendance en étant enlevée par le clan des Centaures au sein de la Forêt interdite. Dans la mythologie grecque, les Centaures sont souvent décrits comme impulsifs, pulsionnels et violemment sexuels, alors que l'enlèvement de nymphes dans les forêts est souvent motivé par des abus sexuels[7].

Le second passage faisant apparaître une sexualité violente et menaçante concerne une autre créature du monde magique, celle du Loup-Garou. Alors que nos héros sont à la recherche des Horcruxes – ces objets contenant une fraction de l'âme maudite de Voldemort et susceptibles de lui redonner vie – ils sont capturés par un groupe de Rafleurs dirigé par le Loup-Garou Fenrir Greyback. Ce dernier livre nos trois héros aux sbires de Voldemort et se pourlèche les babines à l'idée de faire son affaire, en guise de remerciement pour services rendus, à Hermione Granger, « la Sang-de-bourbe », la sorcière étant coupable à ses yeux d'être née de parents non sorciers. Là encore, les allusions faites à plusieurs reprises sur l'appétit de Fenrir ne laissent que peu de place au doute : ce pourrait bien être le viol d'Hermione que se prépare à réaliser ce monstrueux personnage. Si l'on reprend désormais la question sexuelle en la recherchant en filigrane tout au long de l'œuvre *Harry Potter*, il apparaît plausible que les zones d'ombre de l'œuvre recèlent de non-dits qui pourraient éclipser des abus sexuels.

Dans le premier tome inaugurant la saga et concernant la pré-adolescence des personnages, une sexualité traumatique s'y trouve symbolisée au travers d'une licorne souillée et dévorée dans la Forêt interdite.

---

6 - *Harry Potter et l'Ordre du Phénix* (2003)

7 - Le Centaure Nessos, en cherchant à agresser sexuellement Déjanire, la compagne d'Hercule, devient le protagoniste central de l'épisode de la tunique de Déjanire qui causera la perte du demi-dieu le plus connu de la mythologie grecque.

On retrouve dans le troisième tome des aventures de Harry une possible référence au phénomène pubertaire au travers d'emprunts faits au bestiaire animal. Le groupe des Maraudeurs, constitué de quatre personnages dont le père de Harry, son parrain Sirius, son ami Remus et leur futur ennemi Pettigrow, acquièrent tous la capacité de se métamorphoser en animaux. Lorsque l'on sait que Remus est un Loup-Garou, et que certains surnoms qu'ils se donnent entre eux peuvent prendre une connotation sexuelle (Cornedrue, Quedver, Patmol), il me semble que l'autrice indique la survenue dans l'environnement de nos héros d'une sexualité masculine potentiellement pulsionnelle parce qu'animale, morbide parce qu'agressive.

Le quatrième tome fait coïncider le retour de Voldemort – l'épisode terrifiant du cimetière de Little Hangelton – avec les premiers émois adolescents entre Cédric et Cho, Viktor et Hermione, Harry et Cho qui par juxtaposition sont donc vécus comme une menace.

En continuant sur la base de ce postulat, le cinquième tome est celui d'un principe féminin inquisiteur veillant à empêcher l'émergence du sexuel. Devenue directrice de Poudlard, Dolorès Ombrage transforme l'internat en une véritable prison qui contient l'explosion hormonale normalement attendue – nos héros ont tout de même 15 ans –, Harry en étant réduit à échanger un simple baiser avec Cho en secret dans la Salle sur Demande.

Enfin, les deux derniers tomes sont ceux de la traque par Voldemort de nos héros en fuite au moment même où ils sont en passe de concrétiser leur sexualité avec leur partenaire attitré, que ce soit Ron avec Lavande ou Hermione, Harry avec Ginny. Dans le dernier épisode, cette impossible vie de couple est symbolisée par l'apparition des Mangemorts durant le mariage de Bill et de Fleur, ou par le fait que Harry décide d'intérioriser son désir pour Ginny avant de s'exiler pour ne pas la mettre en danger.

Comme on vient de le voir, la métamorphose de l'enfant se réalise sous le joug cruel d'une initiation adulte – ils portent la responsabilité de leurs actes et la culpabilité de leurs échecs, ils sont très tôt exposés à des boissons modifiant leur perception et dopant leur performance – qui atteint aussi à la qualité de leur vie sexuelle d'après les quelques éléments en notre possession : Hermione serait menacée de viol, Harry intériorise un désir interdit envers Ginny pour la protéger, Ron est accidentellement empoisonné durant sa relation avec Lavande Brown puis désartibulé alors qu'il se rapproche de Hermione.

Mais l'inverse se vérifie aussi, à savoir que certains adultes cherchent à revivre dans le monde magique une nouvelle adolescence. À cet égard, le couple que forment tardivement deux sorciers marginaux au fort capital sympathie, Remus Lupin et Nymphadora Tonks, illustre ce principe du retour dans le temps puisqu'ils vivent, à l'âge adulte, une relation « adolescente » venant compenser les traumatismes de leur passé respectif. Pour rappel, Lupin est un Loup-Garou qui, étant jeune, vivait une vie de paria puisqu'il se transformait en secret une fois par mois dans la Cabane hurlante ; Nymphadora Tonks est une sorcière plus jeune et adepte du métamorphomage – elle change à volonté la couleur de ses cheveux, de ses yeux, la forme de son nez –, développant un style vestimentaire excentrique évoquant celui d'une adolescente qui se cherche. Ces deux personnages finissent par vivre en toile de fond une idylle amoureuse, Nymphadora acceptant la différence de Remus et vice-versa. Mais même dans cette configuration, les conséquences d'une vie sexuelle traumatique finissent par les rattraper puisque le couple, sitôt marié, périt dans la bataille de Poudlard en laissant derrière lui un petit orphelin. Ce qui m'amène au constat selon lequel les traumatismes restent toujours actifs dans le monde des sorciers et que les boucles temporelles échouent finalement à les réparer.

RÉPÉTITIONS ET CIRCULARITÉ DU RÉCIT

J'ai souligné dans mon développement précédent comment la structure narrative homologique de la saga *Harry Potter* participe à une expérience rassurante de lecture pour les enfants. Le récit qui avance de manière concentrique – reprise d'une trame identique que l'on fait à chaque tome peu à peu évoluer – utilise sans cesse des thèmes et motifs similaires dont la récurrence permet de dresser des parallèles entre eux. Un des thèmes centraux de la série, au-delà du parcours initiatique du héros, est pour moi l'évolution de la relation entre Harry et son mentor Albus Dumbledore. Personnage évoluant dans l'ombre durant les premiers tomes, longtemps détenteur de secrets qu'il refuse de communiquer, Dumbledore influence le cours de ses aventures et contraint peu à peu Harry à se métamorphoser d'Élu en sauveur. De fil en aiguille, leur complicité se forge autour d'un même sentiment d'angoisse et d'injustice de ne pas être entendus à propos du retour de Voldemort, avant qu'ils ne finissent par devoir le combattre ensemble. Dans les derniers tomes, leur quête finit par se confondre, Harry plongeant littéralement dans les fragments de souvenirs d'Albus (la Pensine) avant de reprendre pour son propre compte ses recherches des Horcruxes et des Reliques de la Mort.

Mais à mesure qu'avance l'histoire, il apparaît qu'une autre quête anime en réalité Harry, celle de parvenir à faire toute la lumière sur la vie passée de Dumbledore et à démêler le vrai du faux. Dans le septième et dernier livre de la série, *Harry Potter et les Reliques de la Mort*, les éléments de la vie passée du prestigieux directeur nous sont enfin dévoilés par plusieurs personnages : Rita Skeeter[8], Elphias

8 - Rita Skeeter est une journaliste de *La Gazette du Sorcier* connue pour ses articles scandaleux et souvent biaisés. Elle écrit une biographie non autorisée de Dumbledore intitulée *Vie et mensonges d'Albus Dumbledore*, où elle révèle plusieurs aspects controver-

Doge[9] et Abelforth, le frère cadet d'Albus[10]. Les révélations sur ses ambitions politiques et intellectuelles de jeunesse (la suprématie présumée du monde des sorciers), sur ses amitiés (le mage noir Gellert Grindenwald), sur ses tragédies familiales (décès de sa sœur Ariana, entre autres) ajoutent une complexité supplémentaire à ce personnage marqué par ses erreurs et ses luttes personnelles, malgré son image publique de sage et puissant sorcier.

Au thème répétitif de la mentorisation de Harry par Dumbledore s'ajoutent des motifs très similaires tout au long de la saga qui lui apportent de la continuité tout en renforçant l'idée d'un éternel retour pour nos aventuriers.

Il y a d'abord la quête des objets, chaque livre étant spécifiquement dédié à la recherche ou à l'usage de l'un d'entre eux. La pierre philosophale inaugure la quête du premier tome, objet légendaire capable de produire l'élixir de longue vie et de transformer n'importe quel métal en or, et que Harry, Ron et Hermione doivent empêcher Voldemort de voler. Le journal ensorcelé de Tom Jedusor que Harry doit détruire pour mettre fin aux attaques de la créature de la Chambre des secrets concerne le deuxième tome. Dans le troisième volet, c'est le Retourneur de Temps d'Hermione, que doit utiliser Harry pour sauver son parrain Sirius Black. Dans le quatrième, le trophée pour lequel une compétition est organisée

---

sés de la vie du directeur de Poudlard, basés sur des interviews et des recherches, souvent en les déformant ou en les exagérant pour sensationnaliser l'histoire.

9 - Elphias Doge est un vieil ami de Dumbledore et membre de l'Ordre du Phénix qui lui écrit un hommage dans *La Gazette du Sorcier* après sa mort. Cet article offre une vision plus positive et respectueuse de la vie de Dumbledore, contrastant avec les accusations de Rita Skeeter.

10 - Abelforth, le frère cadet d'Albus, fournit à Harry, Ron et Hermione des informations plus personnelles et intimes sur leur famille, notamment sur leur sœur Ariana et les événements tragiques de leur jeunesse. Il parle des tensions entre les frères, de la maladie de leur mère et des circonstances entourant la mort d'Ariana.

se trouve ensorcelé et devient un Portoloin transportant malgré eux Harry et Cedric Diggory vers « Celui-Dont-On-Ne-Doit-Pas-Prononcer-Le-Nom ». La prophétie dans le volet suivant se présente sous la forme d'une sphère qu'il s'agit de récupérer et qui justifie la Bataille du Département des mystères. Puis, dans les deux derniers tomes, la quête du Médaillon de Serpentard initie la longue recherche des Horcruxes et des Reliques de la Mort qui organisent la fin du récit.

Un autre motif aisément identifiable revient de manière répétitive dans chaque tome de la série : la découverte de l'identité du nouveau professeur de défense contre les forces du Mal. Poste très exposé, jamais occupé plus d'un an par la même personne, et chaque épisode nous présente en début d'année quel sera le nouvel occupant de cette fonction : le Pr Quirinus Quirrell en première année (il meurt suite au parasitage de Voldemort) est remplacé par le professeur Gilderoy Lockhart en deuxième année, lui-même remplacé par le Loup-Garou Remus Lupin en troisième année, puis par le Pr Alastor Maugrey, le Pr Dolorès Ombrage, le Pr Severus Rogue et, pour finir, par le Mangemort Amycus Carrow. Cette rotation fréquente reflète la malédiction associée au poste, ainsi que l'inexorable avancée des forces du Mal au sein de Poudlard, puisque les trois derniers postes reviennent à des professeurs ennemis, contre lesquels les enfants doivent s'unir. C'est d'ailleurs dès le cinquième tome, *Harry Potter et l'Ordre du Phénix*, que Harry assoit son positionnement de professeur officieux de Poudlard, et donc son véritable statut de protecteur et d'adulte de remplacement, lorsqu'il dirige et enseigne de manière secrète la défense contre les forces du Mal à un groupe d'enfants en déshérence constituant l'Armée de Dumbledore.

D'autres motifs géographiques ou situationnels forment également des repères forts parce que récurrents au cours des aventures de Harry, Ron et Hermione.

Il y a d'abord les parties de Quidditch, sport volant aérien des sorciers qui confirment le statut d'Élu de Harry aux yeux de ses camarades, puisqu'il réalise fréquemment d'incommensurables exploits pour faire gagner pratiquement chaque année la maison Gryffondor à laquelle il appartient. Mais à plusieurs occasions, ce jeu sportif prend une consonance politique (vaincre la maison Serpentard) et devient source de traumatismes (irruption des Détraqueurs sur le terrain) préfigurant la guerre à venir au sein du monde des sorciers. C'est d'ailleurs sur ce même terrain de Quidditch que se déroule la troisième tâche du Tournoi des Trois Sorciers durant laquelle la compétition et le jeu se transforment en épouvante, Harry et Cedric Diggory étant transportés et martyrisés dans le cimetière de Little Hangleton. Au cœur du labyrinthe, comme Thésée terrasse le Minotaure, Harry rencontre Voldemort qu'il bat une seconde fois. Mais le prix à payer est terrible : se sentir coupable de la mort de son ami et redonner par son sang un corps à son ennemi juré. Le joueur de Quidditch a définitivement perdu son innocence ; il rentre désormais en état de guerre tout en redécouvrant cette part de mal et de souffrance qu'il porte en lui.

L'internat de Poudlard est lui aussi un motif répétitif des aventures de Harry, un lieu référent centralisant les années scolaires des enfants et où la majeure partie de leurs aventures se déroulent. Il me semble que ce haut lieu de la magie, omniprésent dans chaque tome et rempli de fantômes en tous genres, emprunte un peu de sa structure labyrinthique à la mythologique grecque, et notamment au palais d'Hadès, pourvu de nombreuses portes et d'innombrables autels. Cette analogie avec les Enfers grecs se prolonge par la description de l'arrivée des enfants à Poudlard lorsqu'ils doivent, en première année, traverser le lac en barque pour aboutir au château. Cette indication, complétée par l'existence de Touffu, le chien à trois têtes qui protège la pierre philosophale, renvoie à la description du royaume d'Hadès gardé par Cerbère[11]. En outre, les sept épreuves que le trio doit affronter pour lever les protections entourant la pierre philosophale dans les entrailles de Poudlard s'inspirent des travaux d'Hercule[12]. Lieu protecteur pour Harry, l'internat de Poudlard est donc son royaume, l'endroit qu'il arpente dès le premier tome avec la cape d'invisibilité, qu'il connaît mieux que quiconque grâce à la carte de Maraudeur et dont il s'approprie tous les secrets puisqu'il est capable d'y faire apparaître des pièces qui normalement n'existent pas, comme la Salle sur Demande. De manière symbolique, l'évolution de Poudlard, envahi de collaborateurs puis de Mangemorts, semble suivre celle de son psychisme qui se fracture dès le cinquième tome lorsqu'il entre en résistance face aux tortures infligées par la directrice Dolorès Ombrage. La Bataille finale de Poudlard semble ainsi faire correspondre la destruction de l'internat et la mort psychique de Harry, qui finit par ressusciter. Cette analogie entre destinée de l'internat qui l'abrite et celle de notre jeune héros semble vouloir là encore consacrer Harry comme étant le maître de la mort, celui qui ne meurt jamais et qui est donc sans arrêt appelé à devoir revenir d'entre les morts[13].

Enfin, la Forêt interdite, également connue sous le nom de Forêt prohibée, est un lieu central et mystérieux situé sur les terrains de Poudlard qui lui aussi revient de manière régulière dans la série. À chaque fois, le procédé est immuable : le temps présent de la vie quotidienne de Harry chez les Dursley fait place à celui, légendaire, des aventures de nos héros se situant à Poudlard, avant qu'ils ne basculent, la plupart du temps en fin de récit, dans les enchantements mythologiques de la Forêt interdite. Car c'est dans cet environnement que prospèrent toutes

---

11 - Dans celui-ci, les âmes en attente de leur jugement dernier doivent parvenir à franchir l'Achéron sur la barque de Charon pour passer sur l'autre rive.

12 - Hercule a également réussi à déjouer Cerbère en le capturant.

13 - La conclusion de la saga nous enseigne que l'internat de Poudlard a bien été reconstruit puisqu'il accueille les enfants de nos héros bien longtemps après les faits.

sortes de créatures monstrueuses et féeriques, et dont la garde et les soins sont assurés par Hagrid, l'ami de Dumbledore qui vit à la lisière des bois dans sa cabane.

Le temps mythologique renvoie selon moi à des archétypes, aux mythes et aux contes les plus anciens qui semblent indiquer quelle sera la destinée de nos protagonistes. D'ailleurs, les Centaures présents en filigrane dans l'œuvre, et qui ont trouvé refuge dans la Forêt interdite, sont présentés comme des prophètes et des observateurs des cieux, utilisant les étoiles et les planètes pour lire l'avenir[14]. Il me semble dès lors intéressant de considérer la Forêt prohibée comme le théâtre d'événements hautement symboliques qui, en survenant dans chaque tome de la saga, préfigurent quel sera l'avenir de nos héros.

Dans le premier tome, les enfants s'enfoncent dans la Forêt interdite et découvrent une licorne agonisante dont Voldemort boit le sang pour se régénérer.

Dans le deuxième tome, Ron et Harry manquent d'être dévorés par les descendants de l'araignée géante Aragog au sein de la Forêt prohibée, alors qu'ils enquêtent sur les attaques dont sont victimes les élèves de Poudlard. La présence de cette dernière, injustement accusée lors de la précédente ouverture de la Chambre des secrets, ramène au temps présent ce secret menaçant.

Dans le troisième tome, Harry et Hermione utilisent le Retourneur de Temps pour sauver Sirius Black. Il est à noter que c'est lors de cet épisode que Harry produit pour la première fois son Patronus[15] (un cerf), identique à celui de son père James avec qui il partage sa

---

14 - Dans *Harry Potter et l'Ordre du Phénix*, le Centaure Firenze devient même professeur de divination à Poudlard, confirmant les dons de ces créatures dans la compréhension des mécaniques célestes influant sur les destinées individuelles.

15 - Le Patronus est un sortilège défensif très puissant et avancé dans l'univers de *Harry Potter*, utilisé pour repousser les Détraqueurs et les Lethifolds. Il s'agit d'une manifestation positive de l'âme du sorcier ou de la sorcière, prenant souvent la forme d'un animal spécifique.

ressemblance physique. Peut-être faut-il voir ici la mise en place de la communauté de destin sacrificielle partagée par le père et le fils, James ayant été assassiné par Voldemort, comme l'est Harry lui-même lorsqu'il l'affronte seul au cœur de la Forêt interdite.

Dans le quatrième tome, Hagrid montre à Harry dans la Forêt prohibée le dragon qu'il doit affronter lors de la première tâche du Tournoi des Trois Sorciers. L'épreuve, qui consiste à subtiliser à une dragonne l'œuf qu'elle couve, semble indiquer qu'un enfant doit être dérobé à sa mère s'il veut parvenir à lui survivre.

Dans les trois tomes suivants, les forces du mal symbolisées par les Mangemorts, le Loup-Garou Fenrir Greyback ou encore Voldemort transitent par la Forêt interdite pour en faire leur base arrière. Tous rendent compte de la montée inexorable du mal tout à la fois dans le monde magique, mais aussi dans l'esprit de Harry.

Car selon moi, les dernières péripéties se situant dans la Forêt interdite – sacrifice volontaire de Harry qui survit malgré tout – me semblent rendre compte de sa culpabilité, arrivée à un stade terminal, d'avoir été le responsable de la mort de ses parents à sa naissance, mais aussi de celle de Cedric Diggory ou de l'agression de Ginny Weasley par Tom Jedusor[16], culpabilité qu'il cherche à exorciser en l'emportant dans son « suicide ».

---

16 - Harry se sent coupable parce qu'il n'a pas découvert plus tôt que Ginny était sous l'influence de Tom Jedusor. Il regrette de ne pas avoir fait de liens entre les événements, ce qui aurait pu empêcher certaines attaques.

LE MYTHE DE L'ÉTERNEL RECOMMENCEMENT

Le temps qui s'écoule dans le monde magique n'a donc pas la même consistance que celui s'écoulant dans nos vies conventionnelles. Chez les sorciers, le temps est une donnée tangible qui peut s'interrompre, s'étirer, s'inverser, se rembobiner, mais qui est par-dessus tout immuable, ce dont les homologies du récit rendent compte.

Plusieurs références employées par l'autrice font état de ce temps qui ne compte pas vraiment, puisque l'on peut vivre plus de 110 ans sans que cela ne soit vraiment exceptionnel. Le pouvoir de la pierre philosophale, âprement recherchée lors du premier tome des aventures, n'est-il pas de produire l'oubli éternel et la possible régénération des âmes en un autre corps ? Fumseck, le phénix de Dumbledore, n'a-t-il pas la capacité de guérir des blessures et même de ressusciter après sa mort en brûlant dans un feu brillant ? Dans le monde magique, le temps cyclique est celui de l'éternel recommencement.

Dans diverses cultures et traditions à travers le monde, il existe un symbole ancien et puissant représentant un serpent ou un dragon se mordant la queue et qui forme un cercle : l'ouroboros. Ce symbole incarne des concepts tels que l'éternité, l'infini, la cyclicité et la renaissance. Étant aussi inspiré par la tradition alchimiste que par la mythologie grecque, toutes les deux voyant dans l'ouroboros la représentation d'un cycle de destruction et de création continuel, voire l'unité de toutes choses matérielles et spirituelles, il est probable que J. K. Rowling en ait tiré parti pour composer son œuvre. Ses références incessantes aux serpents – la maison Serpentard, le Fourchelang qui est la langue des serpents, Nagini le Horcruxe, le Basilic mythologique, le boa du vivarium –, mais aussi aux dragons – Norbert le dragon d'Hagrid, ceux de la première tâche, celui enfermé dans la banque de Gringotts – peuvent rendre compte des cycles de renaissance en cours dans la saga et de la continuité de toutes choses dans l'univers de la magie, notamment entre des personnages pouvant ne pas appartenir à la même génération[17].

Cette problématique d'un cycle continuel liant la vie et la mort et permettant l'éternel retour se retrouve dans des références qu'emprunte notamment l'autrice à des mythes littéraires médiévaux. Le premier d'entre eux est celui des œuvres du cycle arthurien mettant en scène la quête du Graal et les péripéties des chevaliers de la Table ronde. L'épée Excalibur semble ainsi le modèle de celle héroïque de Gryffondor détruisant les Horcruxes ; la coupe du Graal renvoie en partie au pouvoir de la pierre philosophale, l'élixir de longue vie ; le personnage de Merlin l'Enchanteur n'est pas sans rappeler celui mythique d'Albus Dumbledore. La tradition chevaleresque se retrouve à différents niveaux dans l'œuvre : dans l'enseignement par le duel – le Pr Rogue *vs* le Pr Lockhart, Harry *vs* Drago Malefoy – mais aussi par la pratique traditionnelle du Quidditch ou du Tournoi des Trois Sorciers, rites renvoyant aux tournois des chevaliers.

Une autre référence explicite de l'autrice à la détention d'un pouvoir devant permettre de vaincre le temps et la mort est celle faite à la Bible. En effet, Harry rejoue lors de son arrivée chez les Dursley, à l'âge de 1 an, le récit de la Nativité. Tout comme l'enfant Jésus, il est orphelin de père et enfanté par un Esprit Saint un peu particulier puisqu'il est représenté par Rubeus Hagrid débarquant en moto volante pour le déposer en provenance des étoiles. La similitude se poursuit car Harry, tout comme Jésus, possède le pouvoir de résurrection : il revient une première fois d'entre les morts lors de la tragique soirée d'Halloween où il survit bébé à l'agression de Voldemort, avant de reproduire plusieurs

17 - D'autres références faites à Nicolas Flamel, célèbre alchimiste du XIVe siècle, dans *Harry Potter à l'école des sorciers*, ou à la mythologie grecque (les Centaures, Ariana Dumbledore...) confirment que l'ouroboros est une source d'inspiration de l'autrice.

fois cet exploit dans le récit selon des cycles que j'identifierai plus tard. Mais son pouvoir ne s'arrête pas là, lui qui est également capable de convoquer les morts par le truchement de la Pierre de Résurrection, du miroir du Riséd ou par l'intermédiaire de sa baguette magique.

MATRICE SURPUISSANTE DU MONDE MAGIQUE

Un temps cyclique infini, faisant disparaître l'avant et l'après, interrompant les liens de causalité, favorisant les inversions de place entre enfants et adultes et les ramenant au même niveau générationnel. Dans ce temps du monde magique, les événements, aussi lointains qu'ils soient, mythologiques ou légendaires, sont pourtant si présents et si actuels qu'ils justifient encore de s'en prémunir. Ce principe de correspondance à travers le temps est notamment illustré par le tabou qui plane sur le nom de Voldemort. Produisant la terreur chez ceux qui l'entendent, il justifie l'emploi de périphrases compliquées – « Vous-Savez-Qui » ou « Celui-Dont-On-Ne-Doit-Pas-Prononcer-Le-Nom » – pour le désigner. Dans l'esprit des sorciers, invoquer son existence revient à le faire advenir[18]. Ce pouvoir magique du langage en psychologie porte un nom : le langage performatif. Les énoncés performatifs sont des actions réalisées par le fait même de les prononcer, faisant disparaître au passage la conditionnalité de l'action (« je te promets que je vais venir » ne revient pas à décrire un état de fait mais à accomplir l'acte de promettre ; l'énonciation est

18 - C'est d'ailleurs comme cela que Harry, Ron et Hermione sont capturés par les Rafleurs dans la forêt de Dean. Dans le septième livre de la série, *Harry Potter et les Reliques de la Mort*, Harry déclenche en effet, sans le savoir, le Tabou – un sortilège placé sur le nom de Voldemort pour localiser et capturer ceux qui l'utilisent.

l'acte même) et formant donc un langage paradoxal (« si tu continues comme cela, je ne viendrai pas te voir » devient « je ne veux pas venir te voir »)[19]. Dans le cas du langage performatif, la proposition, pour être validée, ne dépend pas d'une condition future à devoir réaliser. Cette particularité du langage abolit donc la notion de temps pour tout ramener à celui présent : c'est ici et maintenant que les choses ont lieu, peu importe qu'elles soient perdues dans le temps ou que nous n'en ayons jamais eu connaissance[20].

D'une certaine manière, il me semble que la caractéristique principale du monde magique dans la série *Harry Potter* obéit à ce mécanisme. Le temps ne s'y écoule pas, et l'ensemble des situations passées et à venir sont en réalité traitées simultanément au temps présent. Deux caractéristiques en rapport à la structure de cet univers permettent à ce phénomène si particulier de se produire.

La première est le fait d'un monde magique replié sur lui-même. Dans l'univers de *Harry Potter*, la communauté des sorciers est protégée par une multitude de sorts, enchantements et mesures de sécurité pour rester cachée et à l'abri des Moldus, ainsi que des menaces internes et externes. Voici un aperçu des principales protections : les sortilèges de Désillusion (ils rendent les objets ou les personnes invisibles ou difficiles à voir pour les non-sorciers), les sorts de Repousse-Moldu de type *Repello Muggletum* ou *Obliviate* (les deux effacent chez les témoins de magie leurs souvenirs), le sortilège de Confusion (utilisé pour confondre ou désorienter quelqu'un, souvent pour dissimuler des actions ou

---

19 - Le langage performatif est caractérisé par son immédiateté et son inconditionnalité. Les énoncés performatifs réalisent des actes au moment où ils sont prononcés, sans dépendre de conditions futures. Cela contraste avec les énoncés conditionnels, qui nécessitent la réalisation d'une condition avant que l'acte ne soit accompli.

20 - *Games of Thrones*, une autre série populaire des années 2000-2020, utilise également comme ressort dramatique le langage performatif, lorsque la phrase répétée par les protagonistes comme une invocation, « *Winter is coming* », énonce la venue d'un danger dont on cherche à se protéger mais que l'on fait en réalité advenir.

des lieux magiques), les protections des lieux magiques défendant Poudlard (le château est protégé par de nombreux enchantements le rendant invisible aux Moldus, ou qui le font apparaître comme une ruine délabrée ; des barrières magiques empêchent également les sorciers et créatures non désirés d'entrer) ou le ministère de la Magie (caché sous terre et accessible uniquement par des moyens magiques, comme des cabines téléphoniques ou des toilettes spécifiques), etc. La somme de ces protections est telle que le monde magique se transforme en une véritable forteresse dans laquelle il est impossible de pénétrer si l'on n'a pas été initié, et qu'il est impossible de quitter jusqu'à ses 17 ans en raison de la Trace, enchantement utilisé dans l'univers de *Harry Potter* pour surveiller l'utilisation de la magie chez les sorciers mineurs. On le comprend, la communauté des sorciers aussi puissante qu'inviolable ne craint aucun danger en provenance de l'extérieur, le véritable péril se trouvant en réalité à l'intérieur. Comme dans toute matrice organisée autour de son principe de survie, et refusant obstinément de communiquer avec l'extérieur[21], le principe de dégénérescence est celui qui menace les équilibres. Cette donnée se traduit en particulier par l'obsession de Voldemort et de ses partisans concernant la pureté du sang des sorciers. Leur croyance dans la supériorité des Sang-Pur par rapport aux Moldus aboutit à la traque des sorciers de Sang-Mêlé (ceux ayant parmi leurs ancêtres des Moldus) et Sang-de-Bourbe (ceux dont les parents sont Moldus), ainsi qu'à une décomposition d'ensemble aboutissant à la destruction de Poudlard. Le paradoxe veut qu'en essayant de protéger l'intégrité du monde magique, Le Seigneur des Ténèbres produit en réalité l'inverse en le précipitant vers sa perte.

---

21 - Le fait que le monde magique et celui des Moldus fonctionnent tous les deux en parallèle est illustré à travers le sorcier Arthur Weasley qui se passionne pour tout ce qui concerne les Moldus et leurs inventions. Il collectionne et étudie les objets moldus dont il juge à chaque fois la conception aussi ingénieuse que surprenante.

La deuxième caractéristique pouvant expliquer le fait que le temps ne s'écoule plus au sein d'une communauté trop fermée sur elle-même est de nature psychologique : il s'agit du poids du traumatisme. Lorsqu'un traumatisme puissant n'a pas été résolu, ce dernier est susceptible de fonctionner comme un véritable trou noir au sein de la vie du sujet, de sa lignée ou parfois même de sa communauté, absorbant toute l'énergie vitale à disposition pour parvenir à le réparer[22]. Si l'existence de ce traumatisme peut se perdre dans la mémoire individuelle ou familiale, ses effets sont eux susceptibles de se poursuivre dans le temps aussi longtemps qu'un principe de guérison ne lui sera pas apporté. En l'absence de compréhension de cet évènement inaugural, la mise en place de rituels sacrificiels permet momentanément de soulager les tensions avant que le retour du mal ne soit inexorable. Dans la saga *Harry Potter*, c'est donc l'existence d'un traumatisme des temps anciens dont il est question, capable à lui seul de justifier, pour en contenir le secret, la création du monde magique et d'induire la production de boucles temporelles que confirme la structure homologique du récit. Dans le temps immuable des sorciers, on revient de manière systématique à ce point originel indépassable.

Mais dès lors, quelle peut-être cette histoire traumatique dont les enchantements et les formules magiques des sorciers sont censés les protéger ? Et comment rassembler les preuves de son existence au travers des boucles temporelles, représentées par autant d'années scolaires, qui semblent sans arrêt vouloir faire communiquer les temps les plus reculés avec le temps présent ?

---

22 - Les Détraqueurs incarnent tout à fait dans l'univers de *Harry Potter* le poids du traumatisme et ses effets. Ce sont des créatures spectrales et terrifiantes qui se nourrissent des émotions humaines positives, en particulier du bonheur et des souvenirs heureux. Leur acte le plus redoutable est le « Baiser du Détraqueur » : en administrant ce baiser, ils aspirent l'âme de la victime par la bouche, laissant la personne dans un état végétatif, pire que la mort.

LES VRAIES RÈGLES DU JEU *HARRY POTTER*

Avant de dévoiler et détailler la scène traumatique originelle, certaines règles doivent être préalablement exposées afin de mieux comprendre quel est le cheminement logique m'ayant permis d'y parvenir. Comme je viens de l'indiquer, le brouillage des temporalités, au sein de la matrice surpuissante, autorise nos personnages à réaliser des sauts temporels imprévisibles. Cette superfaculté, qui constitue selon moi l'une des règles majeures de l'univers *Harry Potter*, m'a fait penser que d'autres considérations[23] sont propres au monde magique. J'ai dès lors relevé celles intrinsèques à l'univers des sorciers, participant à définir le cadre de leur intervention et permettant qu'une certaine cohérence d'ensemble y soit respectée. Si certaines règles sont effectivement posées par l'auteure, j'en ai pour ma part répertorié sept sur lesquelles j'appuie mes hypothèses. Vous les présenter revient dès lors à pénétrer un autre jeu que celui auquel nous pensions jusqu'à présent avoir accès.

La première est que l'on ne meurt pas vraiment dans l'univers de Poudlard contrairement à la règle édictée, ou en tout cas, pas totalement. La mort dans *Harry Potter* n'est pas faite de la même étoffe que celle que nous connaissons, pouvant inlassablement être déjouée comme a si bien su le faire Albus Dumbledore, du haut de sa centaine d'années, ou comme Voldemort qui a pu, grâce aux Horcruxes qu'il a créés, survivre à sa première rencontre avec Harry. Dans ce jeu, les personnages décédés peuvent tout aussi bien ne pas l'être et reprendre vie de manière inattendue.

C'est ici la deuxième règle de cet univers : il y est possible de ressusciter sous la forme d'objets, sous la forme de créature, sous sa

---

23 - On ne peut pas faire renaître les morts, produire de la nourriture ou de l'argent en un claquement de doigts ou recréer le sentiment d'amour.

propre forme corporelle ou sous celle d'un autre. Le modèle princeps de cette mort inoffensive renvoyant à l'immortalité enfantine se joue dans la scène paradisiaque, à la toute fin de la saga, où Albus Dumbledore rassure Harry en lui expliquant qu'il n'est en fait pas mort mais simplement débarrassé du poison qui le contaminait. La question que l'on peut se poser est pourquoi n'en est-il pas de même pour Albus qui, ayant été contaminé de manière similaire, en meurt pourtant en produisant les conditions d'un suicide maquillé ? Si la règle est valable pour l'élève, ne l'est-elle pas pour le professeur qui la lui a enseignée ? Cette question, en suspens, laisse planer le doute sur la mort de notre vénérable professeur, hypothèse admissible si, comme nous le verrons dans le chapitre sur les récits mythologiques, il s'est lui aussi rendu maître de la mort par sa possession des Reliques de la Mort.

Une troisième règle d'importance dans la saga est qu'il existe une possibilité d'intervertir les identités et les sexes. Cette particularité, qui ajoute un degré supplémentaire de complexité, se trouve confirmée lors de la Bataille des sept Potter où Hermione et Fleur Delacour se transforment en Harry. Ce point apparaît également dans la biographie de Barty Croupton Jr. puisque sa mère mourante, ayant pris son apparence physique en buvant la potion Polynectar, le remplace en prison.

Cette considération nous mène vers la quatrième règle selon laquelle l'on peut être emprisonné dans le monde magique sans vraiment l'être tout à fait. Ainsi, Sirius Black parvient à s'échapper sous une forme animale, Barty Croupton Jr. est échangé avec sa mère, Igor Karkaroff monnaie sa liberté, Voldemort peut s'introduire dans les cellules et tuer des détenus, les prisonniers peuvent soudainement être libérés alors que Poudlard peut de son côté se muer en prison de substitution[24]. La faculté d'intervertir la fonction

24 - Les Détraqueurs en surveillent les abords, principe de contrôle et de torture, milice.

des lieux et d'échanger des prisonniers avec les personnes en liberté renvoie à une fluidité de mouvement de sorciers capables à tout moment de créer, inventer et transformer leur destinée.

Une cinquième règle officieuse fait que chaque personnage de la saga porte une dualité, laissant entrevoir la possibilité, pour un certain nombre d'entre eux, de faire coexister dans une même réalité deux entités de soi, à l'origine du développement d'histoires différentes, produisant dès lors une multitude de champs des possibles narratifs et de clones, doubles ou autres avatars.

Une sixième règle est que les sujets mineurs, c'est-à-dire les sorciers jusqu'à leurs 17 ans, ne peuvent accomplir de magie dans le monde réel en raison de l'existence d'un sortilège, la Trace, les rendant immédiatement détectables auprès des autorités magiques. Le seul moyen de la contourner est de pratiquer la magie en présence d'un adulte sorcier servant de leurre et introduisant la notion importante de complicité.

Enfin, une septième règle veut que l'on puisse également avoir plusieurs dates de naissance, comme on le découvrira en ce qui concerne Harry.

À cela, il faut ajouter que la notion de jeu déborde largement le plateau déployé par l'autrice. En effet, de nombreuses lacunes sont apparues dans les indications biographiques ou généalogiques de la saga, nécessitant la participation et la coopération des fans sur Internet afin de les résoudre. C'est par exemple eux qui trouvent la date de naissance de Harry par déduction. Cette interactivité entre les fans et J. K. Rowling dans la résolution de ce qui apparente l'œuvre à un gigantesque jeu de piste, ou à un jeu de société 2.0 auquel on participe en réseau, ne masque cependant pas le fait que l'écrivaine reste seule dépositaire des mystères de son récit. En maîtresse de plateau puissante et intraitable, ses interventions sur les réseaux sociaux confirment ou infirment les suppositions, ses commentaires établissant la doxa d'un univers dont elle garde le contrôle. Néanmoins, les révélations a posteriori n'influencent que modérément les interprétations des fans et sont de toute façon traitées sur un pied d'égalité avec celles des lecteurs soucieux d'exposer leur propre théorie ou d'apporter leur contribution. Cette nuance au pouvoir d'influence de l'écrivaine est me semble-t-il importante, car une œuvre publiée n'appartient plus tout à fait à son créateur.

QUELQUES RÈGLES PSYCHOLOGIQUES UTILES

Par sa composition d'ensemble, la saga *Harry Potter* réalise ce que le professeur Joseph Campbell, spécialiste américain de la mythologie, nomme « le voyage du héros » (ou « monomythe »), c'est-à-dire un modèle narratif archétypique qu'il formule dans son ouvrage *Le Héros aux mille et un visages* (1949). Ce modèle décrit une structure universelle que l'on retrouve dans de nombreux mythes et récits à travers différentes époques. Schématiquement, ce voyage se décompose en trois grandes phases : la séparation, l'initiation et le retour. Au travers de ses aventures, Harry va parvenir à mieux se connaître, révéler les conditions de son origine et dévoiler les ordres cachés, notamment ceux organisant la vie de son mentor, Albus Dumbledore. Et à la fin, triompher de Voldemort pour finalement régner sur les deux mondes.

Aborder d'un point de vue analytique et symbolique ce long voyage du héros justifie là encore quelques notions complémentaires psychologiques. Elles doivent ainsi permettre de mieux comprendre comment Harry passe de son syndrome du survivant initial à celui de sauveur du monde des sorciers.

Le syndrome du survivant apparaît chez Harry car il a réussi à survivre à l'attaque meurtrière de Voldemort, étant bébé. Il en résulte cette cicatrice caractéristique en forme d'éclair sur son front, témoignant non seulement de la violence de l'attaque, mais aussi de la capacité dissociative qui lui donne lieu de super-pouvoir lorsqu'elle l'aide à communiquer plus tard avec d'autres réalités. Le psychisme humain est en effet susceptible de générer, lorsqu'il se trouve en état de sidération, l'apparition d'un double chargé de tenir à distance la souffrance des traumatismes irrésolus. Ce déni concernant les évènements permet alors de continuer à mener une vie normale, mais dans une dimension psychologique au fonctionnement différent. D'ailleurs la cicatrice d'Harry gonfle à chaque fois qu'il entre dans l'esprit de Voldemort, ce qui rend bien compte de ce principe : il est capable de vivre en même temps deux vies différentes[25]. En parlant une langue étrangère (le Fourchelang) et en assistant par séquences à des évènements lui étant étrangers, le héros se dissocie en affrontant sous son identité de sorcier son ennemi mortel qu'il identifie à son secret de l'origine[26].

Concernant le syndrome du sauveur qui anime si intensément Harry dans chaque tome de la saga, sans doute faut-il en trouver la genèse d'une part dans le fait qu'il soit désigné comme étant l'Élu dans le monde des sorciers (il est conditionné par une croyance), d'autre part dans le fait qu'il soit aussi redevable envers Albus Dumbledore, qui l'a sauvé de la médiocrité de sa vie chez les Dursley. Cette gratitude justifie que Harry se dévoue corps et âme à la résolution des problématiques qui s'imposent à lui, et cela jusqu'à produire un paradoxe : il se sacrifie pour épargner le monde magique du retour de Voldemort, tout en prenant le risque de s'en faire lui-même exclure. En d'autres termes, il maintient par son sacrifice la fonction protectrice du monde magique dont

---

25 - Un autre exemple de dissociation est celui du professeur Quirrell et de son parasite Voldemort qui vit à ses dépens. On peut dire que le Pr Quirrell se trouve perpétuellement dissocié durant le premier tome de la saga, *Harry Potter à l'école des sorciers*, oscillant sans cesse entre volonté de faire le bien et de faire le mal.

26 - Harry est soumis à plusieurs principes dissociatifs : il vit à la fois une vie de sorcier à Poudlard et une vie de Moldu chez les Dursley, mais il vit aussi dans les pensées de « Vous-Savez-Qui » concomitamment aux siennes.

il espère en retour continuer à bénéficier. Très angoissé, Harry oscille ainsi entre deux positions contradictoires, celle de l'Élu lorsqu'il réussit, celle du bouc émissaire lorsqu'il échoue. Il me semble que c'est justement ce sentiment de culpabilité qu'il ressent régulièrement de manière injustifiée qui favorise l'entrée en état dissociatif, et donc le retour des événements traumatiques du passé qu'il est souvent seul à affronter.

LA SCÈNE TRAUMATIQUE ORIGINELLE : L'ÉPISODE DE LA CHAMBRE DES SECRETS

Pour conclure cette première partie exploratoire de l'œuvre, une scène que j'ai déjà évoquée dans mon développement me semble concentrer tous les éléments jusqu'ici abordés : il s'agit l'ouverture de la Chambre des secrets par Tom Jedusor en 1943 à Poudlard. Cet évènement semble métaphoriquement correspondre à un secret dont l'existence se dévoile à une date anniversaire, et qui dans la matrice surpuissante du monde magique, où tous les temps s'entremêlent, se réactualise à l'identique au temps présent. Ainsi, Tom Jedusor revient miraculeusement à la vie, à plus de 70 ans de distance, et séduit perfidement, au travers de son journal intime, la petite Ginny Weasley. Cette jeune fille, qu'il abuse moralement en la plaçant sous son emprise, a sensiblement l'âge de Mimi Geignarde lorsqu'elle-même est pétrifiée à l'état de fantôme dans les toilettes pour filles de Poudlard.

L'épisode de la Chambre des secrets condense ainsi un certain nombre des données que j'ai exposées dans ce chapitre et qui justifient l'existence de la matrice puissante des sorciers. L'évènement central, celui du meurtre haineux d'une jeune fille par un jeune homme à peine plus âgé qu'elle de quatre ans (la différence d'âge entre Tom Jedusor et Mimi Geignarde), est à l'origine d'un secret traumatique interrompant le processus pubertaire, mais aussi participant à former des boucles temporelles répétitives et correctives se rejouant dans le temps présent de la scolarité de nos héros. Comme il se sent responsable de la mort de ses amis et compagnons, Harry se reproche de ne pas avoir réussi à protéger Ginny de l'emprise qu'elle subit plusieurs mois de la part de Tom Jedusor.

Néanmoins, des questions restent entières à ce stade : que révèle le meurtre de Mimi Geignarde, évènement de premier plan de la saga, puisqu'il se rejoue cinquante ans après sous la forme d'un rite conjuratoire entre Ginny et Harry ? Et comment expliquer qu'une telle agression ait le moindre rapport avec la présence de Harry à Poudlard ? Oui, quel peut bien être le lien caché qu'entretient notre héros avec les personnages de ce drame lointain pour développer ensuite une intense culpabilité à ne jamais faire assez bien[27] ?

---

27 - Peut-être faut-il voir le mariage de Ginny et Harry, à la fin des aventures de Harry, comme la traduction de cette culpabilité résiduelle qu'il ressent vis-à-vis d'elle.

II

Vies et mensonges

D'ALBUS DUMBLEDORE

1

ALBUS DUMBLEDORE, LE MAÎTRE DU JEU

L'histoire des aventures de Harry Potter ne commence pas lorsque ce dernier bascule dans le monde magique, à l'âge de 11 ans, mais dès sa naissance et son premier affrontement avec Voldemort. On peut même dater le début de sa véritable histoire de nombreuses années auparavant, aux origines de son mentor, Albus Dumbledore. En raison de son grand âge, ses éléments biographiques font en effet l'objet de révélations savamment distillées concernant sa jeunesse, en particulier dans le dernier tome de la saga. De la biographie du maître de Poudlard découle ainsi un ensemble d'informations capitales pour la compréhension de la dynamique générale. Car lui aussi porte une blessure secrète, et des remords délétères qui l'amènent à vouloir réparer des erreurs de son passé. N'est-ce d'ailleurs pas à cause de sa culpabilité qu'il passe à son doigt la bague de Gaunt, objet d'un maléfice protégeant pourtant la Pierre de Résurrection – l'une des Reliques de la Mort –, tout cela dans le seul but de revoir sa famille ?

Personnage complexe, puissant et espiègle, insaisissable en raison de ses stratégies de double jeu mais en apparence toujours bienveillant avec Harry, Albus Dumbledore est la figure centrale du monde magique, celui qui en connaît les codes mieux que quiconque, voire qui en édicte possiblement les règles. Car membre de la Confédération internationale des sorciers et président de la Cour de justice magique, il est une voix respectée des affaires internationales et légales de l'univers des sorciers. Si on ajoute à cela qu'il est directeur de Poudlard, jouant un rôle crucial dans le respect et la défense du Code International du Secret Magique qui vise à maintenir la séparation entre le monde magique et moldu[28], mais aussi le fondateur de l'Ordre du Phénix, organisation secrète luttant contre le Seigneur des Ténèbres et ses redoutables partisans, les Mangemorts – elle joue un rôle essentiel dans les deux guerres des sorciers –, on comprend alors qu'il est le détenteur de nombreux pouvoirs – armée, justice, éducation, contrôle du secret magique –, ce qui le rend incontournable. D'une certaine manière, on peut dire qu'Albus Dumbledore concentre entre ses mains tous les pouvoirs régaliens de l'univers *Harry Potter* : ceux définissant les compétences et les responsabilités des individus et autres institutions des sorciers, et ceux garantissant la sécurité et la régulation de la communauté vis-à-vis des Moldus. Il est donc le maître des secrets par excellence, que ces derniers concernent son passé, l'existence du monde magique, le fonctionnement du château de Poudlard ou le retour de Voldemort à travers la quête des Horcruxes.

Orphelin tout comme Harry, Dumbledore fait de notre jeune héros du monde des sorciers son héritier putatif. Courageux et avisés, ils partagent leurs compétences en défense contre les forces du Mal pour finalement lutter ensemble contre les forces obscures. L'admiration au fil des tomes fait peu à peu place chez Harry à des sentiments plus nuancés envers son mentor, porteurs de nombreux secrets, même s'il finit par lui devenir une véritable figure paternelle de substitution.

---

28 - Objectif du Code International du Secret Magique : maintenir le secret permettant aux sorciers de vivre en paix sans craindre des représailles ; prévenir la panique parmi les Moldus ; contrôler les créatures magiques ; effacer les mémoires (sortilèges d'Amnésie) ; appliquer les sanctions sévères (amendes, emprisonnement) ; renforcer les régulations.

La question se pose alors face à un tel personnage ambigu : qui est vraiment Albus Dumbledore. Un mentor réellement attentionné ? Ou un manipulateur particulièrement roué ? C'est à la découverte de ce personnage double et de la relation complexe qu'il entretient avec Harry qu'invite la lecture de ce chapitre.

ALBUS DUMBLEDORE LE MENTOR

Au fil des tomes, les relations entre Harry Potter et Albus Dumbledore ne cessent d'évoluer, devenant de plus en plus profondes. Si le directeur de Poudlard est une simple figure respectée et distante pour Harry dans le premier tome, *Harry Potter à l'école des sorciers*, cela n'empêche pourtant pas son mentor de revenir à la fin du livre pour empêcher le professeur Quirrell de le tuer, tout en lui révélant pourquoi il a survécu étant enfant à la première attaque du plus maléfique des sorciers vivants. La confiance que ressent Harry envers lui se renforce dès le deuxième tome, *Harry Potter et la Chambre des secrets*, puisqu'il parle à Dumbledore de ses inquiétudes concernant sa capacité à parler le Fourchelang. Ce dernier le rassure en affirmant qu'il n'a jamais douté de lui, même lorsque Harry était suspecté d'être l'héritier de Serpentard. Dans le troisième tome, *Harry Potter et le prisonnier d'Azkaban*, son aide discrète permet aux enfants de sauver Sirius Black et Buck l'hippogriffe en les incitant à utiliser le Retourneur de Temps. Mais les premières tensions apparaissent entre eux dans le tome suivant, *Harry Potter et la Coupe de feu*, lorsque Harry ressent qu'il lui cache des choses à la suite des événements du Tournoi des Trois Sorciers et du retour de Voldemort. Cette gêne se caractérise dans *Harry Potter et l'Ordre du Phénix* par le fait que Dumbledore garde ses distances pour le protéger, causant en retour une grande frustration et un sentiment d'abandon chez son élève. À la fin du livre, cependant, son maître lui révèle la prophétie complète, ce qui répare en partie leur relation. Dans le sixième tome, *Harry Potter et le Prince de sang-mêlé*, Dumbledore devient un mentor plus direct pour Harry en lui offrant des leçons privées sur le passé de Voldemort, puis en collaborant pour découvrir les Horcruxes. Leur relation culmine avec leur mission dans la caverne pour récupérer le médaillon de Serpentard, où il se montre pour la première fois vulnérable aux yeux de Harry. Enfin dans le dernier tome, *Harry Potter et les Reliques de la Mort*, le héros bénéficie de révélations posthumes concernant son mentor, à travers ses souvenirs ou des informations dévoilées par d'autres personnages, ce qui lui permet de découvrir des aspects plus troublants de son passé. C'est finalement dans le chapitre "King's Cross", où Harry rencontre une projection de Dumbledore dans un état de semi-mort, qu'ils ont une conversation finale aidant notre héros à comprendre l'ensemble des motivations et regrets de son maître à penser.

HISTOIRE DE LA FAMILLE DUMBLEDORE

Malgré sa réputation de mentor sage et puissant, les révélations sur le passé d'Albus Dumbledore ajoutent une certaine noirceur dans les relations qu'il entretient avec Harry. Ces révélations, qui portent essentiellement sur ses liens avec le mage noir en devenir Gellert Grindelwald dans sa jeunesse, mais aussi sur un ensemble de secrets familiaux comprenant la mort de sa sœur Ariana, mettent en lumière la complexité de son personnage et sa volonté de rédemption. C'est effectivement à cause de ses différentes tragédies qu'il refuse le pouvoir et fuit ensuite toute ambition personnelle pour lui-même (il décline plusieurs fois le poste de ministre de la Magie). Car c'est pour protéger les autres de ses propres erreurs qu'Albus agit souvent de manière distante, voire parfois manipulatrice. C'est donc au travers de la découverte des secrets familiaux de la famille Dumbledore que Harry parvient à mieux comprendre les motivations qui influencent les actes du directeur de Poudlard, ainsi que les sacrifices qu'il a dû réaliser. Au bout du compte, c'est l'ensemble de ces éléments qui finissent par le convaincre de combattre jusqu'au bout son pire ennemi.

Trois groupes de révélations éclairent ainsi l'histoire d'Albus Dumbledore sous un autre jour. Il y a tout d'abord celles d'Elphias Doge qu'il prononce à titre posthume. Dans un article de *La Gazette du sorcier*, ce dernier insiste sur le fait qu'Albus a non seulement été un élève exceptionnellement doué, aux talents magiques et intellectuels surpassant ses camarades et admiré par ses professeurs, mais aussi un homme droit et responsable. S'il dévoile les grandes lignes de la tragédie familiale de sa famille – agression de sa sœur Ariana par des Moldus, emprisonnement de son père Perceval Dumbledore, et mort ultérieure de sa mère Kendra Dumbledore –, il mentionne aussi qu'il a dû assumer la responsabilité de sa sœur et de son frère après la mort de sa mère. À propos de son amitié controversée avec le mage noir Gellert Grindelwald, loin de la nier, il indique simplement que la période de la vie d'Albus était à ce moment-là tumultueuse, et conclut en exprimant le fait que même les plus grands héros ont des faiblesses et des erreurs à leur actif.

À cette version de la jeunesse d'Albus s'oppose celle livrée par une journaliste scandaleuse et controversée dans l'univers de *Harry Potter*, Rita Skeeter. Dans son livre, *Vie et mensonges d'Albus Dumbledore*, celle-ci révèle plusieurs informations ternissant l'image d'Albus auprès du grand public. Elle l'accuse ainsi d'avoir partagé des rêves de domination mondiale avec Gellert Grindelwald, et d'avoir voulu utiliser les Reliques de la Mort pour assujettir les Moldus « pour leur plus grand bien ». Concernant sa famille, elle assure qu'Albus, obsédé par sa gloire et sa destinée personnelle, a caché l'emprisonnement de son père tandis que sa mère tenait recluse Ariana à la maison en raison de son instabilité magique.

Si ces révélations sont confirmées par le frère cadet d'Albus Dumbledore, Abelforth, ce dernier réfute cependant l'idée selon laquelle son frère était avide de pouvoir au point de trahir ses proches, même s'il confirme l'amitié entre lui et Grindelwald, qu'il attribue surtout à une période passionnée de sa jeunesse ayant rapidement pris fin. En revanche, il apporte plus de détails sur les circonstances de la mort de sa sœur Ariana, indiquant qu'elle est survenue lors d'un duel entre Albus, Gellert et lui-même. Si les circonstances de sa disparition restent troubles, il blâme indirectement les plans de domination d'Albus et de Gellert qui, selon lui, ont détourné son frère de ses responsabilités familiales. Ce n'est qu'après la mort d'Ariana qu'Albus réalise ses échecs et devient l'adversaire acharné de Gellert.

De nouvelles révélations, cette fois de la bouche d'Albus, permettent finalement d'arriver par recoupement à la version finale et officielle des faits tragiques tels qu'ils se sont déroulés, il y a bien longtemps, au sein de la famille Dumbledore.

Les Dumbledore sont une famille de sorciers reconnue du monde magique. Le couple formé par Perceval et Kendra a trois enfants : Albus (né en juillet-août 1881 – décédé le 30 juin 1997), Abelforth (né en 1883 ou en 1884) et Ariana (née en 1884 ou 1885 – décédée à l'automne 1899). La mère, Kendra Dumbledore (née en 1851 – décédée au printemps 1899), a des origines de Né-Moldu et donne naissance à son premier enfant, Albus, à l'âge de 30 ans. Si nous n'avons aucune date de naissance ni de décès concernant le père, Perceval Dumbledore, nous savons en revanche que celui-ci est condamné à la prison d'Azkaban en 1891 pour avoir châtié trois Moldus ayant physiquement agressé sa fille Ariana[29]. À la suite du choc traumatique de

29 - Selon une autre version, elle aurait été surprise faisant de la magie par ces trois Moldus et les aurait elle-même tués en représailles.

l'agression, Ariana ne contrôle plus ses pouvoirs magiques affaiblis, devenant ce que l'on nomme vulgairement dans le monde magique une Obscuriale. Ayant peur que la vérité ne soit découverte, et que sa fille ne soit internée en raison de sa fragilité à l'hôpital pour sorciers, Perceval plaide coupable du crime des trois Moldus. Il est envoyé à la prison d'Azkaban où il meurt dans le courant des années 1890. Au moment de son emprisonnement, Albus est âgé de 10 ans, sa mère Kendra de 40 ans et sa sœur Ariana de 6 ans environ. Ariana, désormais sans défense, est élevée par sa mère et ses frères. La famille choisit, pour la protéger, de déménager du village de Terre-en-Lande où ils vivaient vers le village sorcier de Godric's Hollow, en septembre de la même année 1891.

L'année suivante, en septembre 1892, Albus âgé de 11 ans entre à Poudlard pour sa première année[30]. Les sept années de scolarisation d'Albus révèlent ses pouvoirs considérables, particulièrement en métamorphose. Sa sœur Ariana, sujette à des crises de fureur destructrices, est élevée par leur mère Kendra, et protégée par son frère préféré Abelforth, en raison de l'investissement d'Albus dans ses études. Néanmoins, cette protection ne suffit pas, et un jour, en l'absence d'Abelforth, Ariana âgée de 14 ans tue sa mère lors d'une de ses crises nerveuses. Nous sommes au printemps 1899, Kendra Dumbledore est âgée de 47 ans.

Cette situation dramatique conduit son frère Abelforth à interrompre ses études à Poudlard pour s'occuper de sa sœur. D'après les indications en notre possession, cela signifie qu'il est âgé entre 15 et 16 ans au moment des faits, et n'est donc pas titulaire de ses ASPIC (examen de fin d'études à 17 ans), ni même possiblement de ses BUSE (examen intermédiaire des 15 ans). Cette situation renforce Albus, bientôt âgé de 18 ans, dans sa position de chef de famille devant protéger les siens, et le fait renoncer à poursuivre le

30 - On entre à Poudlard l'année de ses 11 ans révolus.

tour du monde qu'il souhaitait entreprendre avec son ami Elphias Doge après avoir obtenu ses ASPIC. Au lieu de cela, il passe l'été 1899 au village de Godric's Hollow pour s'occuper d'Ariana. C'est à cette occasion que leur voisine, Bathilda Tourdesac, lui présente son petit-neveu, un jeune sorcier âgé de 16 ans, Gellert Grindelwald (né en 1883 – décédé en 1998). Ce dernier vient tout juste de se faire renvoyer de l'école de magie de Durmstrang en raison d'activités illicites confinant à la magie noire[31]. Les deux sorciers nouent rapidement une amitié intense, et planifient une réforme radicale du monde magique consistant à supprimer le Code International du Secret Magique afin de gouverner les Moldus. Ils se passionnent pour la quête des Reliques de la Mort – la Baguette de Sureau, la Pierre de Résurrection et la Cape d'Invisibilité –, croyant que la maîtrise de ces artefacts leur conférerait un pouvoir inégalé. Cependant, leurs motivations diffèrent à ce sujet, Albus souhaitant que les sorciers s'émancipent et dominent les Moldus « pour le plus grand bien », sans usage intempestif de la force, alors que Gellert poursuit une volonté hégémonique et manipule son ami sur ses intentions par un lien de fascination.

Épris de pouvoir, les deux hommes projettent de rassembler leurs partisans, lorsqu'ils sont brutalement ramenés à la réalité par Abelforth, entre août et novembre 1899. Ce dernier leur indique que ce projet est irréalisable puisqu'Albus doit s'occuper de sa sœur Ariana. Fou de colère, Gellert s'attaque à Abelforth en lui lançant un sortilège *Doloris*. Il s'ensuit une lutte mortelle entre les trois hommes durant laquelle Ariana est tuée sans que l'on n'identifie le meurtrier[32]. Gellert disparaît peu de temps après et n'assiste pas aux funérailles pendant lesquelles Abelforth casse le nez d'Albus, le considérant avec son ami comme les responsables

---

31 - Il aurait attaqué et presque tué des étudiants de son école.

32 - Selon les versions, elle venait prêter main-forte à ses frères ou tentait de les séparer.

de cette disparition, ce qui signe l'apogée de la rivalité entre les deux frères.

VIE ET CARRIÈRE D'ALBUS DUMBLEDORE

Après le récit de ces évènements dramatiques, il est intéressant de décrire les engagements et les étapes de vie ayant guidé Albus dans ses combats contre les forces du mal représentées par Gellert Grindelwald, puis plus tard par Voldemort. Ce sont deux *spin-off* cinématographiques de la saga *Les Animaux Fantastiques*, sortis au cinéma bien des années après la parution du dernier tome de *Harry Potter*, qui nous apportent des renseignements supplémentaires sur la vie d'Albus encore jeune adulte après qu'il a traversé cette succession d'épreuves familiales[33].

Tout d'abord, il commence une carrière de professeur à Poudlard en enseignant la défense contre les forces du Mal. Durant son mandat, il doit faire face une première fois au retour de Gellert Grindelwald : nous sommes en 1927. Cette année-là Gellert, qui a refusé d'abandonner ses idéaux, commence une campagne de terreur à travers l'Europe après avoir dérobé la baguette de Sureau – l'une des Reliques de la Mort – dans l'atelier du fabricant Gregorovitch. Ne pouvant pas affronter directement son ennemi en raison du Pacte de Sang[34] qui les lie depuis leur duel tragique de Godric's Hollow – ils font le serment de ne plus jamais se combattre l'un l'autre –, c'est un ancien élève de Poudlard nommé

---

33 - *Les Animaux fantastiques* (2016), *Les Animaux fantastiques : Les Crimes de Grindelwald* (2018), *Les Animaux fantastiques : Les Secrets de Dumbledore* (2022)

34 - Le Pacte de Sang est un serment magique très puissant qui lie deux personnes par un contrat magique contraignant. Dans le cas de Grindelwald et Dumbledore, ce pacte les empêchait de s'affronter directement, que ce soit physiquement ou magiquement.

Norbert Dragonneau qui parvient à le capturer, mais Gellert s'échappe de la prison de Nurmengard au bout de six mois d'emprisonnement.

Reconnu pour son expertise en métamorphose, Albus se voit ensuite confier le poste de professeur de Métamorphose à Poudlard où il continue d'exceller et de faire des découvertes importantes, telles que les douze utilisations du sang de dragon. Les éléments biographiques confirment qu'il occupe déjà ce poste lorsqu'il rencontre, pour la première fois, un jeune orphelin nommé Tom Jedusor à qui il propose d'être scolarisé à Poudlard. Nous sommes en 1938. Quelques années après, en 1943, ce même Tom Jedusor ouvre la tristement célèbre Chambre des secrets et constitue à travers son journal intime ensorcelé son premier Horcruxe grâce au meurtre d'une élève nommée Myrtle Elizabeth Warren, alias Mimi Geignarde (son fantôme flotte encore dans les toilettes féminines de Poudlard).

De son côté, Gellert continue à gagner du pouvoir et à terroriser le monde magique, atteignant l'apogée de son influence dans les années 1940. Son règne de terreur culmine en 1945, année où Albus décide de l'affronter lors d'un duel devenu légendaire. Libéré de son Pacte de Sang, une simple fiole qu'il détruit après que Norbert Dragonneau l'a lui a remise des années auparavant, il vainc son adversaire en combat singulier, récupère la Baguette de Sureau qui était en sa possession et l'emprisonne à vie à Nurmengard, prison qu'il avait lui-même construite[35]. Le combat entre Dumbledore et Grindelwald reste à ce jour l'un des plus célèbres de l'histoire de la magie.

Vers 1955, Albus devient directeur de Poudlard, son amie Minerva McGonagall prenant sa place de professeur de Métamorphose tout en étant nommée directrice adjointe de l'établissement. C'est en

---

35 - Le Pacte de Sang, qui atteste de la profondeur des liens entre les deux personnages, semble avoir fonctionné entre eux comme un philtre d'amour, comme le confirme l'autrice elle-même. En 2007, en effet, J. K. Rowling révèle lors d'une session de questions-réponses que Dumbledore était amoureux de Grindelwald lorsqu'ils étaient jeunes, et que cela influence nombre de ses décisions pendant cette période de sa vie.

vertu de ses nouvelles fonctions qu'il s'oppose fermement à ce que Tom Jedusor revienne enseigner comme professeur de défense contre les forces du Mal au sein de Poudlard. Dans les années 1970, une nouvelle ère de terreur commence avec la montée en force des partisans d'un Tom Jedusor devenu Voldemort, les Mangemorts, qui défient le pouvoir en place. Poudlard devient le seul endroit sûr et Albus y organise la résistance en recrutant élèves et professeurs – dont James et Lily Potter, ainsi que le professeur McGonagall – dans l'organisation secrète de l'Ordre du Phénix. Cette première guerre des sorciers aboutit à la défaite du Seigneur des Ténèbres lorsque ce dernier tente, le 31 octobre 1981, d'assassiner l'Élu de la prophétie, Harry Potter, alors que le charme de protection protégeant le bébé à peine âgé d'un an se retourne contre lui pour le désintégrer[36].

---

36 - Cette prophétie est formulée par Sybille Trelawney au pub de la *Tête de Sanglier*. La prophétie, telle qu'elle est rapportée par Dumbledore, est : « Celui qui a le pouvoir de vaincre le Seigneur des Ténèbres approche… Né de ceux qui l'ont trois fois défié, né au septième mois… et le Seigneur des Ténèbres le marquera comme son égal, mais il aura un pouvoir que le Seigneur des Ténèbres ignore… et l'un devra mourir de la main de l'autre, car aucun ne peut vivre tant que l'autre survit… Celui qui a le pouvoir de vaincre le Seigneur des Ténèbres naîtra au moment où le septième mois meurt… » La prophétie mentionne que l'Élu aura un pouvoir de nature inconnue que Voldemort ignore, qui est en réalité l'amour que porte Lily Potter pour son fils et qui lui crée une protection magique puissante le sauvant de l'attaque sauvage. La prophétie indique aussi que ni Harry ni Voldemort ne peuvent survivre tant que l'autre vit, ce qui établit l'inévitabilité de leur confrontation finale, où l'un doit tuer l'autre pour mettre fin au cycle de violence.

D'ALBUS DUMBLEDORE À HARRY POTTER

Le récit de l'enfance d'Albus Dumbledore est particulièrement tragique puisque marqué par l'abandon et le déclassement social, le matricide et la double culpabilité d'avoir perdu sa sœur tout en se sentant responsable de sa disparition, conformément à son rôle de chef de famille. Or, d'abandon, de deuil et de traumatisme, il en est beaucoup question dans l'apprentissage qui est dispensé aux élèves de Poudlard, au point que l'on peut se demander si combattre ces souffrances et la résurgence des secrets n'est pas en réalité le cœur même de cet enseignement.

À ce propos, Albus et Harry sont liés par un ensemble d'éléments les identifiant très fortement, au point que j'en suis venu à me demander si la souffrance de l'un n'est pas la souffrance de l'autre ; en bref, s'ils ne forment pas ensemble une véritable communauté de destin. Si nous résumons maintenant leurs points communs, tous deux sont orphelins et ont vécu à Godric's Hollow où leurs parents respectifs sont enterrés dans le même cimetière, à seulement quelques rangées de distance – environnement immédiat laissant planer le doute sur une éventuelle filiation entre leurs deux familles. Ils sont ensuite admis dans la maison Gryffondor à Poudlard, puis décrits comme des sorciers précoces et de premier ordre lors de leur scolarité, même si le parcours de Harry est moins académique que celui d'Albus. Leurs valeurs de courage et d'exemplarité les amènent tous deux à lutter contre les forces du mal et à entrer en résistance, Albus en créant l'Ordre du Phénix, Harry en prenant la tête de l'Armée de Dumbledore. L'inversion de places familiales est là encore une des caractéristiques communes partagées par les deux personnages, Albus protégeant très tôt son frère et sa sœur en l'absence du père emprisonné, Harry en devenant le professeur officieux de la discipline enseignant la lutte contre les forces du Mal aux élèves. À leur valeur de courage et de loyauté s'associe aussi le fait qu'ils ont tous les deux réussi à vaincre la mort plusieurs fois (nombreux traumatismes crâniens pour Harry, épisode de la grotte des Inferi pour Albus, entre autres) et réussi à posséder les trois Reliques de la Mort dans un même moment, même si cela reste à confirmer. Enfin, tous deux portent un syndrome du sauveur extrêmement puissant puisqu'ils sont prêts à se sacrifier personnellement pour leurs idéaux afin de faire triompher les forces du bien qu'ils représentent (Albus organise son vrai/faux assassinat de la Tour d'Astronomie, Harry se confronte sans baguette à Voldemort dans la Forêt interdite, jusqu'à la mort).

Par ailleurs, la structure familiale des Dumbledore, deux frères et une sœur, est homologue à celle que constitue notre trio, deux meilleurs amis/frères et leur amie/sœur. À ce sujet, Hermione a la particularité d'être une pure Née-Moldue, comme Kendra Dumbledore avant elle, mais aussi d'être celle qui subit les quolibets[37] et le rejet[38] en raison de ses origines, comme Ariana elle-même lorsqu'elle devient Obscuriale.

Cette similitude de destinée, marquée par le rejet, se prolonge dans le sort funeste réservé à Ariana finalement assassinée, tandis qu'Hermione évite de peu la mort après avoir été torturée au manoir des Malefoy, grâce à l'intervention de l'elfe Dobby. En poursuivant cette hypothèse, la relation de Ron et Harry emprunte donc certaines caractéristiques identiques à celles liant les frères Dumbledore. Peut-être même s'agit-il d'en rejouer pour partie les faits ? Car comme nous allons le découvrir, il est beaucoup question chez le directeur de Poudlard de jeux, trucages et manipulations, ce qui l'apparente même à un véritable maître des illusions.

---

37 - Sang-de-Bourbe.

38 - Rejet par le Club de Slughorn ; procès d'une sorcière Née-Moldue mené par le Pr Dolores Ombrage au Magenmagot à laquelle s'identifie Hermione présente.

DUMBLEDORE, LE METTEUR EN SCÈNE

Comme je l'ai déjà indiqué, Albus Dumbledore est un personnage incontournable de l'univers des sorciers. En se plaçant à la tête des différentes organisations constituant les ministères régaliens du monde magique, on peut aisément constater ne pas avoir affaire à un personnage de second ordre, humble et dans la contrition concernant les évènements de son passé, mais bien à quelqu'un de puissant, véritable contre-pouvoir à l'action du ministère dont il moque les prérogatives et critique ouvertement les directives. Dès lors, le récit selon lequel il aurait abandonné ses prétentions au pouvoir après la mort d'Ariana peut s'entendre différemment : il l'a simplement obtenu d'une manière masquée et moins conventionnelle.

Sa prééminence, pour ne pas dire son arrogance, se caractérise aussi par la manière dont il administre le château de Poudlard. Ayant toujours un coup d'avance sur les situations, favorisant la désobéissance ou la transgression des enfants dont il a la charge, il n'hésite pas à déjuger ses confrères sans concertation, annulant leur punition en redonnant par exemple des points ayant été retirés aux enfants (Professeur McGonagall dans le premier tome) ou en se moquant ouvertement de leur incompétence (Professeur Severus Rogue lors de l'épisode du Retourneur de Temps). N'est-ce pas lui qui fait et défait les traditions comme bon lui chante, décidant de réinstaurer l'usage du Tournoi des Trois Sorciers, apparemment de son propre chef, alors que la dernière édition remontait à plusieurs siècles ? Et puis lui encore qui permet à Harry de posséder la Cape d'Invisibilité permettant à son élève de déjouer l'autorité de ses confrères et des surveillants de l'internat dont il se moque éperdument ?

Une autre caractéristique d'Albus Dumbledore est sa gestion toxique de Poudlard. Montrant volontiers des aspects puérils et facétieux de sa personnalité, il refuse en effet d'incarner l'autorité pourtant nécessaire aux enfants pour grandir, préférant se mettre à leur niveau pour les tenir responsables de leurs actes malgré leur jeune âge. C'est ainsi que le Choixpeau magique envoie Harry dans la maison Gryffondor parce que ce dernier aurait produit un effort de volonté suffisant – il aurait montré suffisamment d'envie – ce qui lui évite le cauchemar d'être envoyé dans la maison satanique de Serpentard. Selon cet adage voulu par Dumbledore, la pensée magique permet donc d'obtenir tout ce que l'on désire, le corollaire étant que si on ne l'obtient pas, c'est simplement parce que l'on n'a pas assez fait d'efforts. Il en résulte, chez Harry comme pour ses autres camarades, une liberté vertigineuse et sans limites, avec laquelle il faut apprendre à se débrouiller seul, quitte à commettre de lourdes erreurs pour se responsabiliser très tôt.

On le comprend, l'usage d'un tel mécanisme préfigure toutes les culpabilités contre lesquelles Harry vient lutter ensuite. Souvent injustement désigné coupable, alors qu'il est en réalité une victime, plusieurs exemples témoignent de la mise en place de cette mécanique implacable et excluante. Lors de l'enquête sur la pierre philosophale, il est collé par le professeur McGonagall et perd des points alors que le danger rôde déjà dans Poudlard. L'année suivante, il est suspecté d'avoir ouvert la Chambre des secrets et d'être l'héritier de Serpentard. On lui fait ensuite porter la responsabilité de l'évasion d'Azkaban de Sirius Black, puis d'avoir laissé son nom dans la Coupe de Feu et d'influencer le déroulé du Tournoi des Trois Sorciers. Plus tard, il porte la responsabilité de l'attaque d'Arthur Weasley par Voldemort dans le Département des Mystères, ou la culpabilité de mentir lorsqu'il proclame que « Celui-Dont-On-Ne-Doit-Pas-Prononcer-Le-Nom » est de retour, voire de profiter de son statut d'Élu pour accéder à la célébrité, ou d'être lié à la mort de son mentor…

En bref, Harry cultive un perpétuel vécu d'injustice lui-même alimenté par le mécanisme d'une pensée magique selon laquelle les faits s'harmonisent aux besoins personnels par un simple effort de volonté. Mais le fait de se voir perpétuellement accusé et d'expérimenter sans arrêt la double peine – être victime d'une situation dont on se sent en même temps le coupable – participe au fur et à mesure à constituer en lui une multitude de préjudices. Ce procédé culmine lors de la scène d'audience au ministère de la Magie où, assis côte à côte, Harry et Albus subissent le même procès d'intention leur faisant partager un profond sentiment d'injustice. Leur communauté de destin se met réellement en marche dès ce moment-là, tous les deux souffrant de ce mal mystérieux consistant à ne pas être crus ni entendus à propos du retour de Voldemort. Cette homologie entre eux permet de synchroniser leurs temps respectifs, celui du temps mythologique de l'histoire des Dumbledore, et celui du temps présent des aventures de Harry à Poudlard.

À cette position triomphante qu'occupe un Albus Dumbledore expert en injonctions paradoxales – il semble bienveillant bien qu'il se montre jugeant – s'ajoute sa propension à influencer les récits. Il apparaît ainsi chez lui un rapport à la géométrie particulièrement variable sur ce qui doit être considéré comme vrai et ce qui ne l'est pas, cela concernant en particulier les prophéties. On peut citer les prophéties en chanson du Choixpeau magique : n'est-ce pas Dumbledore qui annonce en vérité, par le biais de cet organe, le retour prochain du puissant mage noir, mettant ainsi en musique ses propres angoisses ou ses désirs en bon chef d'orchestre ?

Cette capacité de Dumbledore à brouiller la frontière entre ce qui est vrai et ce qui est faux s'observe aussi dans sa faculté à manipuler les personnes. Poursuivant son obsession concernant Voldemort et désertant sa fonction d'enseignant, il n'hésite pas à utiliser Severus Rogue comme agent double bien que ce dernier persécute intentionnellement Harry. Là encore, Dumbledore détient les clés d'un récit douloureux pour son élève, puisqu'il autorise cette maltraitance « pour son plus grand bien » si j'ose dire, afin de lutter plus efficacement contre Voldemort, ce qui témoigne d'un mécanisme absolument pervers de protection (si je t'ai fait du mal, je l'ai fait pour ton bien). Au bout du compte, notre directeur de Poudlard a complètement brouillé les repères de Harry en particulier sur ce qu'il est bon de croire ou de ne pas croire, sur le fait d'envisager une personne comme une bonne personne ou pas. Incapable de se faire seul son propre avis, puisque ce qu'il croit peut à tout moment être infirmé, Harry est une proie facile pour qui sait manipuler ses ressentis.

Se méfier des récits au sein du monde magique, c'est précisément une mise en garde que nous adresse de nombreuses fois l'autrice J. K. Rowling. Plusieurs écrivains officient d'ailleurs chez les sorciers, et à chaque fois, se ridiculisent en essayant d'imposer leur récit au mépris de ce que leur renvoie la réalité. Concernant Gilderoy Lockhart, son narcissisme le conduit à s'inventer une vie héroïque qu'il n'a jamais connue et qu'il met en scène dans ses ouvrages en perpétuelle recherche de célébrité. Concernant Rita Skeeter et sa Plume à Papote, elle aussi n'hésite pas à travestir, maquiller ou déformer les faits sous un angle sensationnaliste pour faire de son livre un succès. Faut-il alors voir dans cette journaliste un portrait de l'écrivaine en trompe-l'œil venant interroger la véracité des récits et des faits qu'elle avance ? Selon cette hypothèse vertigineuse de la mise en abyme d'une œuvre se moquant de sa propre vraisemblance, Harry n'aurait donc jamais été l'Élu, pas plus que Dumbledore n'aurait jamais été attiré par autre chose que le succès ! Tout cela ne serait qu'une supercherie, une illusion d'optique.

Si tout est inversé dans le monde magique, et que ce qui apparaît être vrai est en réalité faux comme le suggère involontairement l'enseignement de Dumbledore, quelle serait dès lors la véritable histoire à laquelle notre bonimenteur essaie en réalité de ne pas nous faire croire ? Et comment, en bon prestidigitateur, s'y prend-il pour nous demander de regarder autre part que là où nous devrions regarder ? Une chose qu'il ne s'agit pas d'oublier à son sujet est qu'il reste plus d'une vingtaine d'années professeur de Métamorphose à Poudlard, ce qui accentue son côté caméléon lui permettant selon ses désirs de se fondre dans une histoire sans y laisser sa trace. Certains sorciers ont d'ailleurs la capacité de se transformer en animal, devenant ce que l'on nomme un Animagus, qu'ils ont cependant obligation de déclarer au ministère. Quand on sait que Rita Skeeter, la papesse des récits du monde magique, est un Animagus non déclaré (un scarabée), ou que Minerva McGonagall qui succède à Dumbledore comme professeur de Métamorphose est elle-même un Animagus déclaré – elle se transforme en chat – il semble dès lors admissible que Dumbledore possède cette compétence (il est l'un des plus grands sorciers de tous les temps !) et qu'il soit lui aussi un Animagus non déclaré. Tels les dieux de l'Olympe capables de se transformer en animal pour poursuivre les nymphes dans les bois, notre vénérable directeur serait capable de renaître de ses cendres inlassablement et de se transformer, pourquoi pas, en Fumseck le phénix. Mais alors où part-il lorsqu'il s'évanouit dans les airs ou lorsqu'il revient une énième fois d'entre les morts ? Et à quoi cherche-t-il tellement à échapper, au point que nous ne sachions jamais sur quel pied danser ? Ultime pied de nez fait au ministère, Albus l'Animagus nous donnerait une nouvelle fois confirmation que rien de ce qu'il laisse croire ou entendre ne doit être pris pour argent comptant. Comme Gilderoy Lockhart, ce piètre professeur de défense contre les forces du Mal, Dumbledore pourrait souffrir d'un véritable syndrome de l'imposteur, ce qui rend probable l'existence d'autres manipulations concernant la pratique de son art magique. Ce que j'aborde dans le chapitre suivant à propos de l'usage des sorts et autres philtres au sein de l'univers des sorciers.

SORTS ET PHILTRES D'EMPRISE DANS LE MONDE MAGIQUE

Il existe de nombreuses techniques irriguant de manière invisible le monde magique et pouvant potentiellement influencer les évènements tels qu'ils se déroulent. Car plus un sorcier va loin dans son enseignement, plus il se forme aux différentes techniques, et plus il est donc susceptible de pratiquer une sorcellerie de haut niveau lui assurant le contrôle des personnes et des situations. Si on ajoute à ce savoir académique l'initiation par un mage noir à des pratiques occultes – Gellert Grindelwald pour Albus Dumbledore, le « Prince de Sang-Mêlé » ou Barty Croupton Jr. pour Harry – cela revient à maîtriser les Sortilèges Impardonnables, aux effets plus implacables encore.

Parmi les sortilèges permettant l'emprise physique des personnes, le redoutable sortilège de l'*Imperium* joue un rôle capital dans la saga. Ce dernier appartient justement à la catégorie des Sortilèges Impardonnables[39], ce qui implique que la victime de ce sortilège est totalement contrôlée par le sorcier l'ayant lancé, que ce soit ses actions physiques et ses prises de décisions mentales. Se retrouver sous son effet entraîne une perte de conscience de la réalité et une sensation trompeuse de légèreté, voire d'indifférence insidieuse. Les Mangemorts, adeptes de l'utilisation de ce sortilège, l'utilisent pour contraindre des sorciers ou des Moldus à exécuter des ordres qui peuvent aller jusqu'au crime. Si ces sortilèges ne sont normalement pas au programme à Poudlard, il se trouve cependant qu'en quatrième année, le faux professeur Alastor, alias « Fol Œil » Maugrey les enseigne à

39 - Utiliser l'un des trois Sortilèges Impardonnables – l'*Imperium*, le sortilège *Doloris*, le sortilège de la Mort – est strictement interdit dans le monde magique de *Harry Potter*, indépendamment de l'âge de la personne. Ces sortilèges sont considérés comme les plus sombres et les plus dangereux, et leur utilisation est punie par des sanctions sévères, souvent incluant une peine d'emprisonnement à vie à Azkaban.

nos héros dans le cadre d'un plan mené par Voldemort. Il est par ailleurs envisageable que ces mêmes Sortilèges Impardonnables aient été enseignés à Dumbledore, il y a longtemps, par celui qui était encore son ami à l'époque, le mage noir Gellert Grindelwald. À noter que deux autres sortilèges permettent également de produire une emprise physique, celui de Confusion inclus dans le programme de défense contre les forces du Mal de cinquième année (il perturbe et désoriente la victime qui ne pense plus clairement[40]) et celui d'Amnésie (il efface des parties de la mémoire d'une personne[41]).

Si le sortilège de *Fidelitas* n'est pas à proprement parler un sortilège d'emprise, je le mentionne cependant ici car son usage vise à cacher une information cruciale à l'intérieur d'une personne nommée Gardien du Secret. En contraignant des individus en souffrance à ne pas exprimer l'information tant que le gardien n'a pas décidé de la partager[42], cela engendre des liens de co-dépendance sur lesquels je reviendrai plus tard. Il y a aussi les sortilèges informulés qui permettent, de manière moins spectaculaire, de participer à la prise de contrôle de situations ou de pousser ses intérêts, car il s'agit de lancer un sort sans avoir à formuler verbalement l'incantation associée. Introduits dans les cours de Poudlard lors de la sixième année d'étude, leur technique demande une considérable maîtrise de la magie et une concentration intense, eux qui permettent de

40 - *Dans Harry Potter et le Prince de Sang-Mêlé*, Hermione Granger utilise ce sortilège au bénéfice de son ami Ron pour qu'il remplace un autre joueur et réussisse ainsi à entrer dans l'équipe de Quidditch.

41 - Le sortilège d'Amnésie efface des parties de la mémoire d'une personne. Bien qu'il ne contrôle pas directement les actions, il peut altérer la perception de la réalité de la victime, influençant ainsi son comportement. Gilderoy Lockhart tente d'utiliser ce sort sur Harry et Ron dans *Harry Potter et la Chambre des secrets*, mais cela se retourne contre lui.

42 - Lily et James Potter ont utilisé le sortilège de *Fidelitas* pour cacher leur maison, avec Peter Pettigrow comme Gardien du Secret. Malheureusement, Pettigrow a trahi leur secret à Voldemort, conduisant à leur assassinat.

donner l'avantage stratégique de ne pas se faire repérer par son adversaire pour avoir toujours un coup d'avance. En bref, de passer inaperçu et de ne pas engager sa responsabilité sur les événements.

Au rayon des potions, ces dernières influencent secrètement le cours des aventures du monde magique en faisant naître des sentiments chez la victime de leur ensorcellement. La plus puissante est la potion de l'*Amortentia*, enseignée par le professeur de potions Horace Slughorn en sixième année, qui crée une obsession et une attraction intense pour la personne l'ayant administrée[43]. Quant au *Veritaserum*, sérum puissant de vérité non enseigné à Poudlard, il permet de dérober la vérité à ceux qui en ingèrent quelques gouttes.

Enfin, la legilimancie est une branche de la magie dans l'univers de *Harry Potter* qui permet à un sorcier ou une sorcière de pénétrer l'esprit d'une autre personne pour lire ses pensées, ses souvenirs et ses émotions. Inversement, l'occlumancie est l'art de protéger son esprit contre de telles intrusions. Toutes deux ne sont pas enseignées à Poudlard, et Voldemort utilise leur technique pour manipuler ses partisans ou obtenir des informations de ses ennemis. Il est à noter que, pour résister aux effets du *Veritaserum* ou de la legilimancie, les sorciers doivent eux aussi utiliser des techniques avancées comme l'occlumancie, ou prendre des contre-potions pour s'en prémunir.

On le voit, l'éventail des possibles manipulations est quasiment infini au sein du monde magique. Dès lors, comment ne pas imaginer que ce que nous voyons est peut-être le fruit d'une illusion ou d'une technique de manipulation ? Cette invisibilité des procédés de prise de contrôle – sortilèges *Imperium* et informulés, potion *Amortentia*, pour citer les plus puissants – rend ainsi compréhensible qu'il n'existe aucune chance pour les personnes fragiles – les Cracmols, les Moldus,

---

43 - Ron Weasley en consomme accidentellement dans *Harry Potter et le Prince de Sang-Mêlé*, ce qui entraîne des comportements exagérément amoureux de sa part. C'est, en effet, le plus puissant philtre d'amour dans le monde des sorciers.

les enfants scolarisés à Poudlard – de rivaliser ou de se protéger des potentielles agressions qu'elles sont susceptibles de subir[44].

Une telle pente d'autorité en faveur des sorciers qualifiés évolue parfois même vers une forme de tyrannie affective, ce qui rend les élèves ne satisfaisant pas les attentes de leur maître encore plus vulnérables. C'est le cas dans la relation entre Harry et Dumbledore, lorsque ce dernier insiste pour que son élève extirpe par la ruse au professeur des potions, Horace Slughorn, un souvenir précis concernant le nombre de Horcruxes à rechercher[45]. En lui faisant cette demande précise, Dumbledore utilise pour la première fois Harry comme son espion personnel. La séquence qui suit est intéressante à décrire.

Alors que son meilleur ami Ron réchappe par miracle à une tentative d'empoisonnement et se trouve à l'infirmerie, et alors que Harry lui-même a subi un traumatisme crânien sans perte de connaissance lors de son match de Quidditch, Dumbledore ne fait preuve d'aucune empathie envers son élève en lui reprochant de manière froide de ne toujours pas avoir réussi sa mission. Pire, il lui inflige une double peine particulièrement intolérable – il est victime mais coupable de le décevoir –, son obsession concernant les Horcruxes l'emportant sur tout le reste. Voilà comment le clown facétieux divertissant les enfants se transforme sous nos yeux en un personnage calculateur et autoritaire. Mais là encore, les motivations urgentes qui agitent le professeur restent sujettes à caution, lui qui explique à Harry que la Pensine – l'objet magique permettant de rentrer dans les souvenirs – leur présente des souvenirs modifiés de la rencontre entre Tom Jedusor et Horace Slughorn. Une nouvelle fois, le maître explique à

---

44 - Les explosions de fureur d'Ariana pourraient ainsi témoigner du fait qu'elle est certes une Obscuriale, mais pourquoi pas aussi la cible de phénomènes d'emprise qu'elle subirait de manière impuissante

45 - *Harry Potter et le Prince de Sang-Mêlé*

l'élève que ce qui lui semble réel ne l'est en réalité pas, se présentant comme l'unique personnage qu'il doit suivre les yeux fermés dans le dédale de la pensée. Lorsque l'on sait comment Dumbledore fait ensuite littéralement entrer Harry dans ses propres souvenirs qu'il présente comme irréfutables, grâce à un nouvel usage de la Pensine, sa manipulation et des récits et des images est confirmée[46].

UN MANTRA IMPARABLE : TOUJOURS AGIR POUR LE PLUS GRAND BIEN

Ces manipulations psychologiques et magiques, visibles ou invisibles, que fait subir notre honorable directeur à son entourage, se justifient par son désir de protection exacerbé. Faire « pour le plus grand bien » de Moldus ou d'Élus qu'il assure devoir protéger, voilà le mantra d'Albus Dumbledore tel qu'il l'emprunte à son ami et rival, Gellert Grindelwald. Cette phrase ambivalente, cautionnant toutes sortes de dérives et de débordements, rend compte de l'ambiguïté de ce personnage utilisant bien souvent sa magie pour poursuivre des buts non avouables. Car, ne l'oublions pas, nous avons affaire ici au plus grand sorcier de tous les temps, capable à lui seul d'influencer et renverser le cours des évènements.

Diplômé de sorcellerie à la différence de son frère et de sa sœur, occupant une place très jeune de chef de famille et ayant flirté avec la magie noire en côtoyant Gellert, Albus apprend ainsi très vite à développer ses talents étendus de magicien. Mais

---

46 - On apprend également à l'occasion de cette séquence que le *Veritaserum* ou la Legilimancie ne peuvent être utilisés sur les sorciers supérieurs, ce qui signifie que le coffre de la pensée de Dumbledore reste définitivement inviolable vis-à-vis de Harry.

de quels talents parlons-nous en réalité ? Et quel est leur champ d'application véritable, si ce n'est le détournement des règles à son seul usage ? C'est une homologie de situation entre Norbert Dragonneau, Tom Jedusor et Harry Potter, tous trois ayant été mentorisés de manière exclusive par Albus Dumbledore, qui me met initialement sur la voie. Parce que l'Élu, ou tout du moins celui qu'il désigne comme étant son Élu, n'a d'autre choix que de souscrire à ses visions et de s'en tenir pour cela au script qu'il lui a été remis. Dans chaque cas, l'issue est immuable : l'Élu combat le mal à la place de son mentor pour lequel il se sacrifie. Reprenons.

Concernant le premier retour de Gellert Grindelwald en 1927, l'Élu Norbert Dragonneau se retrouve seul à essayer de contenir la menace que représente le mage noir, et cela en raison du fait que son mentor Dumbledore ait contracté un Pacte de Sang avec son ancien ami/amoureux qu'il ne peut donc pas affronter. Plus tard, c'est Tom Jedusor que Dumbledore forme comme élève à Poudlard et qui, comme je l'ai indiqué, n'a d'autre choix que de devenir sa créature. On peut dès lors poser comme hypothèse que cet élève devient, sous l'enseignement du professeur en Métamorphose, expert lui aussi en manipulation mentale et en dissimulation[47]. Selon cette hypothèse, Tom Jedusor devient l'âme damnée de Dumbledore, celui qui à la fin de ses années d'études en 1945 – il entre à Poudlard en 1938 –, et après avoir obtenu des résultats exceptionnels à ses ASPICs, se sacrifie en combattant à sa place son ennemi Gellert Grindelwald, tout en lui laissant la gloire de la victoire. Faisant cela, il emporte le mal avec lui – il devient le coupable de tous les maux à Poudlard – et permet à Dumbledore d'asseoir sa notoriété et d'accéder à la direction de Poudlard.

---

47 - Cela implique que la scène, présentée par Dumbledore à Harry dans la Pensine, de sa première rencontre avec Tom Jedusor à l'orphelinat, puisse être un souvenir modifié.

Dans le même schéma d'idée, c'est ce qui arrive à Harry, peu à peu amené à se transformer de sauveur à tyran – il est responsable d'une soixantaine de morts, les injustices qu'il subit s'accumulent – pour affronter Voldemort en lieu et place d'un Dumbledore ayant organisé son vrai/faux assassinat et ayant probablement acquis le pouvoir de résurrection, comme la référence à son potentiel Animagus (le phénix) semble l'indiquer.

Des Élus manipulés par leur mentor et condamnés à servir ses intérêts ? Cela s'envisage assez facilement dans la mesure où Dumbledore lui-même explique entretenir un rapport singulier à la vérité, notamment pour protéger Harry comme il le lui explique souvent, ce qu'il faut comprendre par faire les choses « pour le plus grand bien » des autres. Dans sa bouche, cette phrase signature devient presque un aveu de culpabilité. Car n'est-ce pas celle qu'il prononçait avec Gellert Grindelwald lorsqu'ils étaient amis, lui dans le but de protéger les Moldus, le mage noir dans le but les asservir ? Et n'est-ce pas cette même phrase que ce dernier a gravée au frontispice de la prison de Nurmengard qu'il avait fait construire ? Phrase ambivalente selon le sens que l'on veut bien lui donner, elle traduit surtout le pacte faustien – un pacte de sang ? – n'ayant jamais été vraiment rompu entre Albus Dumbledore et Gellert Grindelwald, en réalité bien plus qu'un éventuel ami ou un amoureux : un véritable double maléfique.

Si l'épisode de la Chambre des secrets rendait compte d'une agression perdue dans des temps reculés et ayant participé à fonder l'ambiance mortifère de secret dans le monde magique, les épreuves de la pierre philosophale rendent compte elles d'une (re)naissance : celle de la culpabilité de Harry (elle s'exprimait déjà de manière épisodique par sa pratique du Fourchelang) qui se transforme dans son cerveau en un monstrueux parasite dont il matérialise désormais l'existence (il voit physiquement la dualité du professeur Quirrell).

LA BATAILLE DE LA TOUR D'ASTRONOMIE

Une autre séquence survenant dans le sixième tome de la saga, *Harry Potter et le Prince de sang-mêlé*, brouille les identités, les repères et semble vouloir une nouvelle fois condenser tous les paradoxes des comportements éducatifs d'Albus Dumbledore : il s'agit de la Bataille de la Tour d'Astronomie.

Suite à la défaite de la Bataille du Département des Mystères, Voldemort charge en représailles le fils du Mangemort Lucius Malefoy, qu'il tient responsable de ce désastre, de tuer Albus. C'est la tâche qu'essaie d'accomplir Drago, jeune élève de la maison Serpentard et ennemi juré de Harry, lors de sa sixième année, mais il échoue à plusieurs reprises dans ses tentatives d'assassinat. Il finit néanmoins par faire entrer les Mangemorts dans Poudlard grâce à une Armoire à Disparaître dans la Salle sur Demande.

Albus, de son côté, a récupéré la bague de Gaunt, qui est sertie de la Pierre de Résurrection, en juillet 1996, et comprend que ses jours sont comptés en raison du maléfice associé. Mis au courant de la mission de Drago, il demande à Severus Rogue, qui est son agent double, de surveiller et de protéger l'enfant en toutes circonstances. Cela implique à son esprit que, pour protéger l'âme de cet enfant, c'est Severus qui devra tuer Dumbledore si jamais Drago n'y parvient pas. C'est en ce sens qu'il lui donne l'autorisation de réaliser un Serment Inviolable avec Narcissa Malefoy, à l'été 1996, afin de protéger son fils et d'accomplir la mission à sa place s'il venait à échouer[48]. C'est donc bien un ordre de meurtre qu'il fait jurer à Severus d'exécuter.

---

48 - Le Serment Inviolable est un serment magique où deux sorciers ou sorcières s'engagent solennellement à tenir une promesse. Si l'une des parties rompt le serment, elle meurt instantanément. Un tiers participant, appelé le Liant, utilise sa baguette pour lier les mains des deux parties. Les promesses sont prononcées et confirmées, scellant le serment avec des liens magiques.

Après avoir récupéré le médaillon dans la Caverne des Inferi avec Harry, Albus est affaibli par la potion qu'il a dû boire pour obtenir le Horcruxe qui s'avère être un faux. En haut de la Tour d'Astronomie de Poudlard, conscient que sa fin est proche, il produit un sortilège de Pétrification sur Harry avant de le garder caché sous sa cape d'invisibilité. Drago arrive pour le combattre, le désarme, mais hésite à le tuer. Conformément au Serment Inviolable, c'est Severus qui se charge de la sanction devant quelques Mangemorts réunis en assassinant Albus avec le Sortilège de Mort. Après ces événements, Severus consolide sa position au sein des Mangemorts et devient directeur de Poudlard, jouant un rôle clé dans la résistance de l'ombre contre Voldemort[49].

Dans l'esprit de Dumbledore, ce plan complexe constituant à orchestrer sa propre mort a pour but de non seulement renforcer la position de confiance du professeur Rogue auprès de Voldemort, mais aussi de sauver l'âme de Drago et de renforcer la détermination et la résilience de Harry dans sa quête des Horcruxes pour détruire le Seigneur des Ténèbres. On retrouve dans cet épisode peu ou prou les mêmes ingrédients assurant l'emprise manipulatrice de Dumbledore sur les événements. Notre directeur, pour s'assurer de l'entière coopération future de Harry, met en place un dispositif macabre le faisant assister à son vrai/faux assassinat cruel. Ignorant des enjeux, ni même des liens unissant Rogue et son mentor, ce dernier ne peut que nourrir un sentiment profond de haine et d'injustice vis-à-vis d'une situation abominable – après ses parents, Cedric Diggory ou Sirius Black, il regarde une nouvelle fois impuissant mourir une figure paternelle de protection.

---

49 - J'ai avancé l'hypothèse selon laquelle le combat légendaire mené par Dumbledore contre Grindelwald en 1945 aurait pu être une mise en scène lui ayant permis de devenir ensuite le directeur de Poudlard. On trouve une réminiscence de ce dispositif ici, son vrai/faux assassinat théâtral en public permettant à Severus Rogue de devenir à son tour directeur de Poudlard.

Néanmoins, il reste curieux que Dumbledore soit si prompt à vouloir sauver l'âme damnée de Drago Malefoy au détriment de celle de son Élu – Harry plonge dans la désespérance – même si, bien sûr, il réalise cela « pour son plus grand bien » – Harry ne doit-il pas sauver l'univers des sorciers ? C'est donc en m'interrogeant sur cette fixation de Dumbledore sur les Horcruxes – elle le conduit à poursuivre des buts non avouables, dont celui de sacrifier ceux qu'il aime – et sur le sens de cette mise en scène très théâtrale de son vrai/faux assassinat devant des enfants terrorisés et impuissants, que j'en suis une nouvelle fois venu à douter de la véracité de l'histoire qu'il nous raconte. Et à rechercher avec l'aide de quels paramètres il forge à mains nues son propre récit, forcément héroïque.

Les faits concernant la Bataille de la Tour d'Astronomie débutent selon moi en juillet 1996. Cet été-là, Dumbledore, à la recherche du Horcruxe de la Bague de Gaunt, la retrouve cachée dans les ruines du manoir familial des Gaunt. Il comprend alors, après un examen attentif, que la pierre dont la bague est sertie est l'une des Reliques de la Mort. Porteur de l'espoir de faire revenir ses parents et sa sœur pour s'excuser auprès d'eux, il oublie pendant un instant le maléfice lancé par le Seigneur des Ténèbres sur la bague et la passe à son doigt en guise de trophée. Sa tentative se révèle être un échec ; le maléfice s'abat sur lui et il manque de mourir. C'est le professeur Severus Rogue qui le sauve de justesse en confinant le sort dans une main. Mais ce sort ne peut tenir qu'un an, ce qui le pousse à mettre en scène son meurtre par Severus Rogue à une date proche de cette échéance. La Pierre retrouve ses pouvoirs peu de temps après lorsque Dumbledore détruit l'Horcruxe à l'aide de l'épée de Gryffondor, imprégnée de venin de Basilic. Selon toute vraisemblance, le Serment Inviolable que conclut Severus avec Narcissa Lestrange Malfoy à l'été 1996 se déroule après cette date et semble anticiper la disparition à venir de Dumbledore. S'ensuivent alors les événements décrits plus haut aboutissant le 30 juin 1997, soit un an après, à la mort présumée de notre directeur.

Mais s'agit-il vraiment d'une mort ? Ou devrions-nous plutôt parler d'une renaissance ? Car au moment des faits de l'été 1996, on sait que Dumbledore a déjà en sa possession l'une des trois Reliques de la Mort, la Baguette de Sureau[50]. Il devient donc, cet été-là, détenteur non pas d'une, mais deux Reliques, en trouvant la Pierre de Résurrection. Or, et si l'on regarde avec attention les faits, Dumbledore envoie à Harry un sortilège de Pétrification lorsqu'ils se trouvent en haut de la Tour d'Astronomie, ce qui le rend alors maître de la Cape d'Invisibilité (il la laisse sur Harry), et donc propriétaire des trois Reliques de la Mort quelques instants. Mais ces quelques instants sont suffisants ! Désormais invulnérable, il privilégie une sortie de scène sacrificielle au lieu d'une sortie plus spectaculaire et combattive, considérant qu'il n'a plus qu'à attendre que les conditions de son retour soient à nouveau réunies, la Pierre de Résurrection ne pouvant pas ramener à la vie les personnes dans leur forme physique complète et vivante.

C'est donc une vraie/fausse mort que nous propose comme clou du spectacle Dumbledore, lui qui se laisse facilement désarmer par Drago Malefoy puisque n'ayant plus besoin de baguette magique. Son statut de sauveur, son sacrifice par amour, son récit héroïque est avant tout celui de quelqu'un ayant préparé avec minutie les conditions nécessaires pour planifier son retour d'entre les morts.

---

50 - Les Reliques de la Mort sont trois objets légendaires dans l'univers de *Harry Potter*, qui, selon la légende, confèrent à leur possesseur le statut de Maître de la Mort.

GILDEROY LOCKHART, LE VÉRITABLE ALBUS DUMBLEDORE ?

Les questions sont nombreuses en ce qui concerne l'honnêteté des procédés pédagogiques utilisés par notre directeur – enseigner au trio à surmonter les obstacles afin de gagner en confiance et en expérience –, ou des stratagèmes qu'il élabore pour protéger/exposer ses Élus dans leur intérêt supérieur – donner deux fois la Cape d'Invisibilité à Harry, l'initier au fonctionnement magique du miroir du Risèd ou mettre en scène devant lui son assassinat, entre autres – tout en évaluant toujours la situation à (lointaine) distance.

Dès lors, si Albus Dumbledore pratique l'art de la duperie, du contre-pied et de la farce, ne doit-on pas l'associer à un sorcier qui, à l'autre bout du spectre, partage avec lui nombre de ses qualités, j'ai nommé Gilderoy Lockhart ?

Personnage méprisé, non seulement par l'écrivaine mais aussi par les fans de sa saga, ne tenons-nous pas là un double d'Albus Dumbledore, avatar idoine renseignant sur l'ensemble des travers que cherche à maintenir dissimulés notre vénérable professeur ? Tous les deux aussi beaux – moralement, physiquement – qu'enviés, aussi facétieux que puérils, considérés par un grand nombre de personnes comme d'excellents professeurs de défense contre les forces du Mal, ils suscitent le désir en réécrivant les faits de leurs supposées aventures héroïques plutôt que d'enseigner à leurs élèves la magie.

Mais surtout, et c'est là que cela devient vraiment intéressant si l'on trace une homologie entre leurs deux histoires, loin d'être inoffensif, Gilderoy Lockhart a en réalité développé un côté fourbe et déloyal pour parvenir au succès. Selon les récits, il aurait ainsi volé les exploits d'autres sorciers et sorcières en leur lançant des sorts d'Amnésie pour effacer leur mémoire et prétendre ensuite que leurs aventures étaient les siennes. Aspect sombre de sa personnalité qu'il révèle durant les épreuves de la Chambre des secrets lorsqu'il essaie de s'octroyer, malgré sa couardise, le beau rôle. Mais son sort d'Amnésie se retourne contre lui et, désormais frappé d'amnésie permanente, il se retrouve pris en charge à l'hôpital Sainte-Mangouste pour les maladies et blessures magiques.

Dès lors, sa présence ridicule n'a-t-elle pas valeur d'avertissement, comme si à sa manière maladroite, il indiquait qu'au travers de ses tares facilement identifiables – il évolue dans une certaine transparence qui le rend savoureux pour les enfants – et de son sacrifice final – n'oublions pas qu'il perd définitivement sa santé mentale –, il se trouve à Poudlard un personnage bien plus redoutable que lui, un grand maître spirituel auquel lui n'arrive pas à la cheville, qui le tient même peut-être sous son emprise – sortilège de l'*Imperium* ? sortilège informulé ? –, un expert dans l'art de la dissimulation et de la métamorphose, vous l'avez compris, Albus Dumbledore lui-même.

LE POIDS ET LES CONSÉQUENCES DES TRAUMATISMES DU PASSÉ SUR NOTRE PRÉSENT

Ce cheminement à travers l'œuvre, dans ce qu'elle dit et surtout ne dit pas, ne doit pas faire oublier, à ce stade-là, les mécanismes psychiques qui sous-tendent le récit et me servent de points d'appuis. Il existe en effet une grande richesse de situations psychologiques qui illustrent dans le texte la manière dont une personne en souffrance cherche à échapper à ses traumatismes, et potentiellement au poids de sa culpabilité, en construisant des remparts entre elle et la réalité. Il semble bien que ce soit le cas d'Albus Dumbledore, fortifié dans Poudlard et dans ses contradictions, devenu maître en illusion pour des raisons que je continue à exposer plus tard.

Mais d'ores et déjà, l'ensemble des éléments psychologiques abordés, et que je vais répertorier ici, peuvent nourrir de premières réflexions chez le lecteur. Quant à l'usage de ces mêmes données dans le cadre de mes psychothérapies, j'en fais plus loin un descriptif à travers plusieurs situations cliniques.

De manière générale, l'exemple de la saga *Harry Potter* nous fait comprendre l'impact d'un secret traumatique des origines dans nos existences. Car un sujet humain, pour construire sa représentation de lui-même, a besoin de référents stables, dont celui de son récit. Si le récit est contradictoire, ou inaccessible, on porte alors dans le temps une interrogation éternelle (« Pourquoi n'ai-je pas été aimé ? ») évoluant vers le poids d'une culpabilité (« Qu'est-ce que j'ai fait pour ne pas être aimé ? »). C'est cette culpabilité fondamentale dont il s'agit de traquer les effets à long terme, car susceptibles d'induire des sacrifices personnels pour être aimé/adopté (« Je suis prêt à tout donner pour me racheter ») ou de participer à modifier le cours de la réalité (« J'annule mon récit de l'origine pour m'inventer un nouveau récit »). Dans le cas d'Albus Dumbledore, il semble avoir choisi la dernière option pour échapper à son traumatisme fondamental : recomposer dans le monde magique une réalité parallèle.

Ainsi, la succession d'événements tragiques dont on se sent responsable donne naissance à une culpabilité intériorisée dont on ne parvient pas à se libérer. C'est ce que les boucles temporelles et l'éternel recommencement révèlent : les événements lointains non résolus se répercutent encore dans notre présent sous la forme de résurgences. Il s'agit alors d'en percevoir les effets et, par une loi simple d'équivalence, rechercher à quel temps mystérieux ces dernières font référence.

Dans le cas où la compréhension de situation ne peut pas se faire, on assiste à des phénomènes dissociatifs. L'apparition d'un double (clone, avatar) est alors chargée d'éloigner la souffrance de nos traumatismes irrésolus. Si les cycles de résurgences sont nombreux, ce sont alors plusieurs doubles de soi qui sont susceptibles de coexister dans un même environnement, ce qui, dans le cadre de mondes étendus et frictionnels, donne un aspect foisonnant.

Dans tous les cas, des traumatismes irrésolus participent à une confusion des places dans les familles, puisque des enfants meurtris par leur origine doivent donner plus encore d'eux-mêmes pour, à défaut d'être aimés, se faire accepter. Ils justifient, bien souvent aussi, la quête d'un adulte de remplacement, figure enfin stable qu'il s'agit de servir corps et âme afin d'assurer sa propre survie. La relation entre Albus Dumbledore et ses Élus, enfants lui étant entièrement redevables, évolue dans le registre de cette dépendance induite, aboutissant à la succession des sacrifices dont les enfants seront tous victimes.

Enfin, lorsque des traumatismes fondamentaux de l'enfance se déroulent durant l'adolescence en particulier, leur risque est d'entraver le développement pubertaire des jeunes adultes en devenir. Ce sont d'ailleurs de telles situations de blocages dans le développement qui viennent expliquer le retour d'une sexualité pulsionnelle, morbide et agressive parce que réprouvée, lorsque reviennent dans la vie du sujet les mêmes résurgences de nature psychologique que je viens d'évoquer.

2

AUX ORIGINES DU MAL

La matrice du monde magique, comme je l'ai détaillé dans le premier chapitre, s'est créée autour d'un monstrueux secret du passé (la Chambre des secrets) dont les protagonistes communiquent encore avec le temps présent : Tom Jedusor est réel (il revit à travers son journal intime), Gellert Grindelwald puis Voldemort n'en finissent pas de revenir, Mimi Geignarde est un fantôme qui, cinquante ans après sa mort, hante toujours les toilettes des filles. Le château de Poudlard a depuis longtemps basculé dans les ombres lorsque, en haut de la Tour d'Astronomie, Albus Dumbledore accomplit la prophétie et induit le mystérieux alignement d'étoiles devant le faire revenir d'entre les morts.

HARRY, UN MANGEMORT ?

Cette inexorable montée du mal dans l'univers des sorciers se traduit par l'impuissance des professeurs de défense contre les forces du Mal à conserver leur poste. Durant les sept années scolaires des enfants, pas moins de sept professeurs se succèdent : le professeur Quirrell est assassiné par Voldemort, le professeur Lockhart devient amnésique et se retrouve enfermé à l'Hôpital Sainte-Mangouste, le professeur Lupin doit démissionner une fois que l'on découvre qu'il est un Loup-Garou, le professeur Alastor Maugrey dit « Fol Œil » est séquestré neuf mois par Barty Croupton Jr qui prend sa place grâce au Polynectar, le professeur Dolorès Ombrage à la solde du ministère est traumatisée après sa capture par les Centaures, le professeur Severus Rogue est promu, au bout d'une année d'enseignement, directeur de Poudlard et le professeur Amycus Carrow est un Mangemort enseignant en dernière année les Arts Noirs sous le régime de Voldemort. Au fur et à mesure, tous les enseignants de cette discipline se trouvent donc parasités. C'est à croire qu'ils ont tous été maraboutés sur le modèle d'un Gilderoy Lockhart, de prime abord inoffensif et facétieux avant qu'il ne devienne maléfique et tordu au bout de son année d'étude. La noble institution de Poudlard, si accueillante, si bienveillante dans les premiers temps de la saga, devient successivement une prison d'Azkaban cernée par les Détraqueurs et un repaire de Mangemorts.

À ce stade de contamination, cet enseignement corrompu engendre injustice et cruauté chez les enfants qu'elle doit au contraire protéger, les contraignant à apprendre à survivre en milieu hostile ou à devoir s'exiler. Parce que l'on ne quitte pas Poudlard aussi facilement que cela, comme Harry lui-même l'expérimente lorsqu'il se rend plusieurs fois malade de peur d'être renvoyé[51]. Non, on ne quitte pas si facilement Poudlard et son directeur loyal, surtout lorsque l'on est désigné comme

---

51 - Je compte environ neuf situations d'indiscipline faisant craindre à Harry son renvoi : l'incident avec le Troll dans les toilettes des filles et la sortie de nuit hors de Poudlard pour récupérer l'œuf de dragon (premier tome) ; le sortilège de Lévitation de la voiture volante et l'accusation d'ouverture de la Chambre des secrets (deuxième tome) ; le gonflement de Marge Dursley (troisième tome) ; l'accusation d'avoir lancé la Marque des Ténèbres dans le ciel lors de la Coupe du monde de Quidditch et l'inscription involontaire au Tournoi des Trois Sorciers (quatrième tome) ; l'usage de son Patronus en-dehors de l'école pour défendre Dudley et la résistance à Dolores Ombrage (cinquième tome). Et à chaque fois pratiquement, Harry est sauvé de l'exclusion in extremis par Dumbledore.

étant l'Élu, à moins pour cela de renoncer à son existence sociale[52]. Mais y rester, c'est dès lors accepter de payer un lourd tribut à sa santé mentale. Enfermé, comme dans la prison d'Azkaban, sous la surveillance des Détraqueurs, torturé sous la gouvernance d'un ministère de la Magie cruel, traqué sous le règne des Mangemorts, Harry en particulier est mis à rude épreuve, enchaînant une initiation par la peur et le deuil avec des aventures dramatiques mettant sa vie en péril. Peu à peu, il se transforme de victime en coupable, puisqu'il n'est jamais cru ni entendu, ce qui l'amène à lutter pour prouver son innocence lors de nouvelles épreuves tout en développant un sentiment préjudiciable d'injustice.

Une séquence en particulier a retenu mon attention dans la lecture de l'œuvre, celle où il retrouve Ron et Hermione au 12, Square Grimmaurd avant la rentrée de septembre à Poudlard[53]. Furieux de ne pas avoir eu de leurs nouvelles durant l'été, s'étant senti injustement trahi et abandonné alors que ses amis pensaient au contraire le protéger en ne le contactant pas, il se montre pour la première fois revendicatif, voire tyrannique avec eux, faisant apparaître une autre facette de sa personnalité. Il leur hurle ainsi au visage la somme de ses exploits, se décrit comme quelqu'un d'important vis-à-vis duquel on doit se montrer reconnaissant et redevable en raison des sacrifices qu'il a réalisés. En pratiquant à son tour, et pour la première fois, la double peine sur ses amis (ils sont coupables à ses yeux de l'avoir abandonné alors qu'ils étaient eux aussi enfermés sans moyen de communication), il témoigne du fait que l'élève a retenu la leçon de son maître. Harry, en basculant dans la colère et le ressentiment, embrasse sa destinée d'Élu qui doit accueillir, au nom de son idéal, sa part de noirceur pour combattre

---

52 - Harry, Ron et Hermione vivent sans existence réelle plusieurs mois en clandestinité lorsqu'ils décident d'arrêter leur enseignement.

53 - *Harry Potter et l'Ordre du Phénix*

le mal qu'il affronte. Il sera désormais celui qui administre la double peine « pour le plus grand bien ».

LA CABANE HURLANTE

Cette participation active de Poudlard dans la transformation maudite des personnages est identifiable selon moi à travers deux épisodes à la temporalité distincte.

Le premier épisode est l'évolution, tout du long des sept années scolaires de Poudlard, du poste de professeur de défense contre les forces du Mal. La prise de fonction de ce poste engendre le parasitage d'un psychisme initialement sain, représenté par le Pr Quirrell, pour finalement aboutir à l'apparition d'un Mangemort, le Pr Carrow. Cette transformation par étapes vers un double maudit est donc un processus s'inscrivant effectivement dans l'enseignement même de Poudlard. Le second moment durant lequel une telle transformation s'accomplit est représenté par l'épisode de la Cabane hurlante, à la différence près que la temporalité n'évolue pas cette fois-ci sur des cycles annuels mais mensuels. Résumons.

La Cabane hurlante est un endroit situé dans le village de Pré-au-Lard, à proximité de Poudlard, où Remus Lupin s'isole une fois par mois les soirs de pleine lune pour se transformer en Loup-Garou. Personnage attachant, professeur de défense contre les forces du Mal en troisième année, son histoire est indissociable de celle de ses amis, James Potter, Sirius Black et Peter Pettigrow, avec lesquels il forme le groupe des Maraudeurs. Détenteur de la Carte du Maraudeur qui les renseigne sur les mouvements des personnes dans Poudlard, mais également sur la topographie précise des lieux dont ils connaissent les moindres recoins, leur groupe assure notamment la surveillance et le contrôle des souterrains menant au village de Pré-au-Lard où se trouve la Cabane hurlante. Par solidarité avec leur ami Remus, qu'ils découvrent être un Loup-Garou depuis son plus jeune âge, James, Sirius et Peter développent à leur tour la faculté de se transformer en animal – respectivement en cerf, chien et rat – dans le but d'apaiser son sentiment de solitude lorsqu'il doit se transformer. Cette capacité de métamorphose prend le nom d'Animagus, faisant du groupe des Maraudeurs des Animagi[54]. L'histoire de cette génération de personnages débute avec la prise de fonction d'Albus Dumbledore en tant que directeur de Poudlard et la nomination de Minerva McGonagall au poste de professeur de Métamorphose. Nous sommes en 1955 environ. Quelques années après, l'année 1960 voit la naissance d'une pouponnière de personnages, dont ceux constituant le groupe des Maraudeurs : Remus Lupin né le 10 mars, James Potter né le 27 mars, Sirius Black né le 3 novembre et Peter Pettigrow né à une date inconnue.

L'existence d'un continuum psychique et temporel entre les quatre personnages du groupe des Maraudeurs – ils n'en formeraient possiblement qu'un seul – s'appuie justement sur leur chronologie de naissance durant l'année 1960. Selon cette hypothèse, Remus deviendrait James qui deviendrait Sirius qui deviendrait Peter, le tout en l'espace d'un mois avant de revenir au point de départ.

Remus Lupin est le premier à naître et a la particularité d'avoir été mordu enfant par un Loup-Garou, Fenrir Greyback, avant de le devenir à son tour. Son père le cache durant sa jeunesse, lorsque Albus Dumbledore lui propose d'intégrer Poudlard et met à sa disposition la Cabane hurlante pour faciliter ses transformations.

Le deuxième personnage à naître est le père de Harry, James Potter. Il est décrit comme arrogant et séducteur, avant qu'il ne change de comportement à ses 16 ans et ne séduise Lily Evans, la future mère de Harry, contre toute attente.

---

54 - Minerva McGonagall, professeur de Métamorphose et Animagus reconnue, semble être celle leur ayant transmis ce pouvoir.

Le troisième à naître dans l'ordre chronologique est le parrain de Harry, Sirius Black. Personnage romantique et tourmenté, il est issu d'une famille de Sang-Pur dont il est répudié et porte une part obscure contre laquelle il semble lutter.

Le quatrième Maraudeur est le traître Peter Pettigrow, Mangemort agent double au service de « Vous-Savez-Qui », dont la trahison est plus tard responsable du meurtre des parents de Harry.

Ainsi faut-il possiblement voir le groupe des Maraudeurs comme l'expression de la transformation par étapes d'un psychisme pur mais fragile – la morsure de Remus évoquant la cicatrice de Harry ou le bégaiement du professeur Quirrell – vers sa déclinaison maudite le rapprochant au fur et à mesure de celui d'un Mangemort, et donc de Voldemort. Selon cet ordre d'idées, les figures intermédiaires de James le séducteur et de Sirius le Sang-Pur participeraient à une progression dramatique en incarnant un conflit grandissant entre le bien et le mal et menant à une transformation inéluctable[55].

Un monde magique dominé par un personnage puissant et caché, un traumatisme enfoui et secret, un château contraignant ses occupants à subir des cycles qui les transforment de victimes à coupables tout en faisant apparaître leur part noire… on s'éloigne peu à peu du simple conte pour enfants, de la tendre histoire d'une initiation pour entrer dans le royaume de la manipulation et de l'emprise. Et il faut croire que ce lent mouvement de métamorphose n'épargne personne, notamment pas en son temps le Seigneur des Ténèbres, lui aussi passé sur les bancs de Poudlard. Ou comment le Maître des Récits, Albus Dumbledore, transforme Tom Jedusor, un jeune élève fragile en Voldemort, son principal antagoniste.

---

55 - Un lien existe entre les deux personnages de Severus Rogue et de Sirius Black, tous deux porteurs d'un profond conflit intérieur pouvant à tout moment les faire basculer d'un côté comme de l'autre.

HISTOIRE DE LA FAMILLE JEDUSOR

Tom Jedusor naît le 31 décembre 1926. C'est un sorcier de Sang-Mêlé, descendant d'un père Moldu et d'une mère issue de la famille Gaunt, sorciers de Sang-Pur, descendants en ligne directe de Salazar Serpentard.

Le contexte de sa naissance est traumatique puisque sa mère, Merope Gaunt, née vers 1907, meurt à sa naissance le 31 décembre 1926. Le père de cette dernière, Elvis Gaunt, décédé en 1927, est emprisonné six mois en septembre 1925 à la prison d'Azkaban pour avoir tenté de protéger son fils Morfin Gaunt des agents du ministère, car il venait de molester physiquement le Moldu Tom Jedusor Sr., dont sa sœur était amoureuse. Son intervention n'évitera cependant pas à son fils d'être lui-même emprisonné dès septembre 1925 pour trois ans.

En leur absence, Merope envoûte Tom Jedusor Sr. d'un philtre d'amour et se marie avec lui en décembre 1925. Ils conçoivent un enfant ensemble, mais le charme se rompt lorsque Merope ne renouvelle pas le philtre, et celui-ci l'abandonne. Délaissée, ruinée et contrainte de vendre le médaillon de Salazar Serpentard qui devient plus tard un Horcruxe, Merope est recueillie dans un orphelinat où elle accouche à 19 ans. Elle meurt quelques heures seulement après avoir accolé au prénom de son enfant celui de son père, Elvis. Fou de douleur, son père Elvis Gaunt ne lui survit pas et meurt six mois plus tard, en 1927.

C'est l'année de ses 11 ans que Tom Jedusor déménage de son orphelinat à Poudlard sur la demande d'Albus Dumbledore, qui devient pour lui un vrai père de substitution. Par la suite, plusieurs faits importants émergent dans sa vie. C'est âgé de 16 ans, et alors qu'il étudie à Poudlard, qu'il découvre ses origines paternelles moldues, mais aussi qu'il est l'héritier de Salazar Serpentard. Cette découverte coincide avec l'ouverture de la Chambre des secrets, fin mai ou début juin 1943, l'amenant à assassiner l'élève Mimi Geignarde et à dompter le serpent mythologique Basilic chargé de tuer les Nés-Moldus.

Il fait accuser Rubeus Hagrid, qu'il parvient à faire partiellement renvoyer de l'école, puis, lors d'une permission à l'été 1943, tue son père et ses grands-parents paternels, en faisant cette fois-ci accuser son oncle Morfin Gaunt grâce à l'utilisation du sortilège *Imperium*. Morfin retourne une nouvelle fois à la prison d'Azkaban où il meurt en 1943, avant d'avoir été innocenté. Tom Jedusor crée avec son journal son premier Horcruxe après que Horace Slughorn, professeur des potions à Poudlard depuis 1938, lui a enseigné leur existence. Il crée ensuite trois autres Horcruxes, la bague de Gaunt, la coupe de Poufsouffle et le médaillon de Serpentard, avant de disparaître durant une dizaine d'années.

Concernant ce récit, plusieurs éléments nécessitent d'être discutés. Tout d'abord, il existe de nombreux points communs entre Albus Dumbledore et Tom Jedusor, tous deux étant de Sang-Mêlé. Chacun est orphelin de père et provient d'une lignée où les figures paternelles et grand-paternelles ont pour caractéristique d'aller en prison après avoir défendu leur fille. Par ailleurs, ces deux personnages portent une double culpabilité – la mort de sa mère et de sa sœur concernant Albus, le départ de son père et la mort de sa mère pour Tom – en rapport à leurs histoires traumatiques réciproques.

Ce sont les similitudes de date, que partagent mentor et élève, qui me font suspecter que Tom Jedusor est en réalité la créature d'un Albus Dumbledore le façonnant lors de ses années d'étude en son antagoniste maléfique. Tout d'abord, Dumbledore est déjà professeur de Métamorphose à Poudlard en 1938, soit l'année de sa rencontre avec son Élu, Tom Jedusor. Cette promotion professionnelle implique qu'il est désormais apte, en raison de la maîtrise de ses pouvoirs, à transformer le monde pour le rendre conforme à ses désirs, et donc d'initier Jedusor à sa métamorphose future.

Puis, à l'âge de 16 ans, son élève est menacé d'être renvoyé de Poudlard lors de l'ouverture de la Chambre des secrets, soit exactement au même âge que Gellert Grindelwald lorsqu'il se fait renvoyer de Durmstrang après avoir menacé de mort d'autres élèves. Cette homologie entre ces deux mages noirs se confirme lors du deuxième affrontement opposant Dumbledore et Grindelwald en 1945. C'est en effet aux 18 ans de Jedusor que ce combat se déroule, soit l'âge que Dumbledore avait lui-même lors de son premier affrontement avec Gellert ayant entraîné la mort de sa sœur Ariana, constituant l'indication d'une réminiscence traumatique intense.

DE TOM JEDUSOR À VOLDEMORT

Présenté par la Pensine d'Albus Dumbledore comme un enfant à problèmes – colérique, envieux et voleur[56] –, la situation de Tom Jedusor ne va pas s'arranger par la suite. À l'âge de 16 ans, il ouvre la Chambre des secrets et découvre qu'il est le dernier héritier de Salazar Serpentard, assassine une élève et accuse Rubeus Hagrid d'en être le responsable, crée son premier Horcruxe sur la base de ce crime et s'entoure de ses amis Mangemorts[57]. Il obtient brillamment ses ASPICs (examens de fin d'étude) avant de demander une première fois à intégrer le corps professoral de Poudlard. Mais Albus Dumbledore veille et influence la réponse négative de la direction, inquiet par l'attirance que son élève manifeste pour la magie noire. Nous sommes en 1945.

---

56 - À moins qu'il ne s'agisse ici d'un souvenir modifié…

57 - Existence d'homologies entre Tom et Harry qui, au même âge, découvre son héritage familial, en ayant notamment accès aux souvenirs d'Albus Dumbledore, et crée l'Armée de Dumbledore, par opposition à celle des Mangemorts de Jedusor.

Tom Jedusor travaille ensuite brièvement chez Barjow & Beurk, une boutique d'objets magiques, où il utilise sa position pour acquérir des artefacts magiques précieux et continuer à former des Horcruxes dans le but d'atteindre l'immortalité. Il semble qu'il adopte dès cette époque-là le pseudonyme de Voldemort, une anagramme de son nom de naissance « Tom Elvis Jedusor » et qui marque une nouvelle étape de sa transformation personnelle.

Il disparaît pour réapparaître dix ans plus tard, vers 1956, époque à laquelle il retourne à Poudlard pour faire une seconde demande de poste de professeur de défense contre les forces du Mal. Parce que Jedusor a déjà commencé à rassembler des partisans et à se faire connaître sous le nom de Voldemort, Albus Dumbledore refuse catégoriquement de lui donner le poste, comprenant qu'il cherche surtout à l'utiliser pour renforcer son influence et son pouvoir obscur. Frustré par ce refus, Voldemort jette une malédiction sur le poste de professeur de défense contre les forces du Mal, rendant impossible pour quiconque de le conserver plus d'un an. Cette malédiction reste en vigueur jusqu'à la mort du mage noir.

La transformation de Tom Jedusor en Lord Voldemort s'initie donc à Poudlard sous l'enseignement d'Albus Dumbledore. À ce stade, un élément de compréhension de la psychologie de l'orphelin doit être pris en considération. Tom, comme Harry lorsqu'il débarque à Poudlard, vit dans un environnement lugubre (orphelinat *vs* famille Dursley) et porte un secret de l'origine (mort parentale à la naissance). Tout d'un coup projeté dans un environnement merveilleux où sa différence est comprise et acceptée, sa dépendance totale vis-à-vis de son mentor ne lui laisse d'autres choix que de le servir et le satisfaire pour ne pas être exclu. Exactement comme Harry cinquante ans après, le parcours de Tom Jedusor à Poudlard est celui initiatique d'un Élu, mais en version sombre. Celui d'une âme damnée. Bâtard d'Albus

Dumbledore, Tom Jedusor joue le script préalablement établi pour lui, et porte la culpabilité, ou plutôt toutes les culpabilités de son mentor, dont celle d'être attiré par le pouvoir et l'immortalité. Une telle position l'amène à devenir le coupable idéal.

En poursuivant cet ordre d'idées selon lequel Dumbledore est prompt à sacrifier son Élu pour effacer de sa mémoire les traumatismes qu'il a vécus au même âge que lui, deux évènements survenant en 1945, aux 18 ans de Tom Jedusor, rendent la transformation de ce dernier inéluctable.

Le premier est le combat légendaire que remporte Dumbledore contre son ennemi héréditaire Grindelwald. Revanche du premier épisode survenu à l'été 1899 s'étant soldé par une défaite (décès de sa sœur Ariana), sa victoire fait désormais de lui un sorcier légendaire. Le second est le premier refus essuyé par Jedusor de la part de son mentor, qui ne veut pas le garder comme professeur à Poudlard, ce qui peut s'assimiler à une forme de rejet.

Si l'on croise ces deux évènements, on arrive désormais à une autre compréhension de la situation. Le mal coupable que porte en lui Dumbledore, et qu'il nomme Grindelwald, est désormais victorieusement implanté chez son Élu Jedusor qui se transforme, dès cette date anniversaire, en Voldemort[58]. Ce mouvement de contamination de son âme damnée se renforce lorsque Dumbledore l'abandonne en refusant qu'il reste comme professeur, puis se parachève dix ans plus tard lorsqu'il le rejette une seconde fois de Poudlard sans égard. En lui faisant revivre à deux reprises le vécu traumatique abandonnique de ses origines, Albus Dumbledore engendre la transformation finale de Tom Jedusor en Voldemort.

---

58 - Grâce au procédé d'annulation des temps et des traumatismes dans le monde magique, ce n'est plus Dumbledore le responsable de la mort de sa sœur Ariana, mais bien Tom Jedusor !

LA PROPHÉTIE

Dans les conditions décrites, celles d'un monde magique imprégné de l'histoire traumatique d'Albus Dumbledore et sans cesse revisitée par ce dernier à travers les différents Élus qu'il se choisit – Tom et Harry, entre autres –, il s'agit de réinterpréter les récits fondateurs. Car si tous les récits qu'il nous narre sont suspects, qu'ils soient passés – l'origine de Harry –, présents – la recherche des Horcruxes –, ou à venir – le retour de Voldemort –, celui de la Prophétie en particulier mérite notre attention en raison de sa place centrale dans la saga. Petit rappel des faits.

Nous sommes en 1980. Albus Dumbledore recrute dans une chambre à l'étage du pub de son frère Abelforth celle qui va devenir la professeure de Divination de Poudlard, Sibylle Trelawney. Cette dernière prédit que l'Élu devant vaincre le Seigneur des Ténèbres naîtra au septième mois de l'année[59]. Severus Rogue, qui espionne encore à l'époque pour Voldemort, n'entend que la première partie de la prophétie et interprète la naissance de cet enfant, qu'il n'a pas identifié comme le fils de Lily Potter, comme une menace. Le 31 octobre 1981, un an après la naissance de Harry, le terrifiant mage noir localise la maison des Potter grâce à la trahison de Peter Pettigrow et assassine ses parents qui essaient de le protéger. Le sacrifice de Lily Potter crée une protection magique puissante basée sur l'amour, qui retourne finalement le sortilège de la Mort (*Avada Kedavra*) contre Voldemort lui-même, ce qui le désincarne et laisse à Harry une cicatrice en forme d'éclair sur le front. Ignorant

---

59 - « Celui qui a le pouvoir de vaincre le Seigneur des Ténèbres approche... Né de ceux qui l'ont trois fois défié, il sera né lorsque mourra le septième mois... et le Seigneur des Ténèbres le marquera comme son égal, mais il aura un pouvoir que le Seigneur des Ténèbres ignore... et l'un devra mourir de la main de l'autre car aucun ne peut vivre tant que l'autre survit... Celui qui détient le pouvoir de vaincre le Seigneur des Ténèbres sera né lorsque mourra le septième mois... »

la raison de son échec, Voldemort essaie désespérément de mettre la main sur la Prophétie, ce qui aboutit à la Bataille du Département des Mystères. Mais la Prophétie est détruite.

Cette Prophétie, Harry ne l'entendra donc jamais, ce qui revient à faire une nouvelle fois confiance en l'exactitude des dires d'Albus Dumbledore – ce qui n'est pas tout à fait rassurant – puisque personne d'autre que lui ne la connaît intégralement[60]. Car, en substance, la partie manquante de la Prophétie affirme que Harry a un « pouvoir que le Seigneur des Ténèbres ignore », soit la protection puissante de l'amour maternel, et le sens du sacrifice dont Harry hérite, par la même occasion, de ses parents.

En d'autres termes, la Prophétie – ou devrais-je dire les incantations d'Albus Dumbledore ? – dicte que Harry est l'égal de Voldemort et que « l'un devra mourir de la main de l'autre », ce qui les prédestine au combat final. Incidemment, Harry en vient ainsi à admettre que son sacrifice volontaire est nécessaire, par identification à celui réalisé par sa mère, car devant générer une protection magique sur tous ceux qu'il aime et susceptible d'affaiblir davantage le Seigneur des Ténèbres[61].

Mais cette idée selon laquelle l'un ne peut pas vivre tant que l'autre survit ne peut-elle pas s'appliquer à d'autres couples existants de la saga, et ayant plus explicitement rapport avec Dumbledore directement ? Je pense ici à celui qu'il forme avec son Élu, Harry. Parce que Harry doit mourir. C'est inscrit. C'est la Prophétie qui le dit.

Si tant est qu'il faille l'admettre, Harry a donc été convoqué à Poudlard pour mourir. Harry doit mourir, mais cela doit venir de

---

60 - Severus Rogue n'en entend qu'un fragment, Sybille Trelawney est décrite comme une illuminée peu fiable et Abelforth Dumbledore n'est pas en état de contredire son frère.

61 - Le sacrifice de Lily Potter crée une protection magique si puissante autour de Harry, ce que Voldemort ne comprend pas pleinement, que même après sa mort, elle continue à protéger Harry tant qu'il reste avec sa famille maternelle.

lui. Et la mise en scène du vrai/faux assassinat de la Tour d'Astronomie devra lui servir de modèle. Chef-d'œuvre absolu du Maître des Récits, ce sacrifice qu'il réalise doit protéger ceux qu'il aime – maintenir la couverture de Rogue active, sauver Drago et endurcir Harry dans sa quête des Horcruxes. Ainsi, le sacrifice que Harry réalise dans la Forêt interdite – il se présente désarmé à son ennemi mortel – porte la signature de son maître. Il se sacrifie comme prévu par amour. Mais j'émets l'hypothèse qu'Harry n'en reviendra pas, contrairement à ce que l'on voit, contrairement à ce que l'on croit, car il porte désormais le mal transmis par son mentor. Inaltérable.

LA BATAILLE DU DÉPARTEMENT DES MYSTÈRES

L'épisode de la Bataille du Département des mystères rend compte de cet éventuel rapport mensonger à la Prophétie, tout comme son récit continue de tisser la légende dorée d'Albus Dumbledore.

La conséquence narrative la plus importante pour la dynamique de la saga issue de ce chapitre est la concrétisation du retour de Voldemort dans le monde des sorciers. Un combat homérique l'oppose en effet à Albus Dumbledore selon les termes d'une mise en scène soignée. Ce duel se déroule dans la salle des Prophéties au département des Mystères[62]. Voldemort et ses Mangemorts ont tendu un piège à Harry et ses amis, pour obtenir la Prophétie, en leur faisant croire que Sirius Black était en danger de mort. Après le meurtre de Sirius par sa cousine Bellatrix Lestrange, Harry se lance à la poursuite de la Mangemort jusqu'au grand hall du ministère où il lui lance un Sortilège *Doloris*. Mais il se refuse de l'achever au sol, lorsque le Seigneur des Ténèbres apparaît devant lui. Ce dernier tente de le tuer en lui lançant un sortilège de Mort, moment

62 - *Harry Potter et l'Ordre du Phénix*

où Dumbledore arrive dans un tourbillon pour sauver l'Élu. Les deux sorciers se neutralisant, Voldemort essaie dans une tentative désespérée de posséder Harry pour forcer Dumbledore à le tuer. Si Harry ressent une douleur intense, de la haine et du désespoir, son amour et son courage contraignent finalement son ennemi à quitter son corps.

À la lecture de la scène et à son visionnage, quelques points diffèrent, notamment en ce qui concerne la présence de Bellatrix Lestrange. Dans la version cinématographique, elle disparaît immédiatement, alors qu'elle reste à terre dans le récit écrit, immobilisée par la chute d'une statue. Dans la version cinématographique, Harry ne perd pas ses lunettes, alors que c'est le cas dans la version écrite durant son combat dans la salle contre Bellatrix Lestrange, puis Voldemort. Or, et comme je l'ai déjà indiqué, le lecteur regarde la scène à hauteur du héros, c'est-à-dire celle de Harry. Mais que se passe-t-il lorsqu'il vient à perdre ses lunettes ? C'est un flou général qui s'abat alors sur les évènements, Harry ne parvenant pas à clairement identifier les visages ou les objets à distance. Comme toute personne myope, il ne peut voir que des formes indistinctes et floues.

Dès lors, que devons-nous voir lors de ce combat ? Ou plutôt, que ne voyons-nous pas ? Je dirai en synthèse qu'il n'y a au fond qu'un spectateur pour nous assurer de la réalité de ce combat, c'est-à-dire Harry blessé et en état de choc après la mort de son parrain bien aimé[63]. Cette vulnérabilité, associée à la perte de ses lunettes dans la version écrite, lui permet-elle de garder les idées claires ? Après tout, n'aurions-nous pas affaire à une manipulation mentale de la part d'un Dumbledore prompt à se poser une nouvelle fois en sauveur, en mettant son élève affaibli sous le contrôle d'un sortilège de Confusion ou d'*Imperium* pour lui laisser juste en mémoire un peu du souvenir de ce combat[64] ? Ou alors, qu'il ait en

---

63 - Il est à noter que, lorsque les Aurors du ministère arrivent dans les deux versions, Bellatrix et Voldemort sont déjà partis.

64 - Harry s'est déjà montré capable de résister à l'*Imperium*, mais le peut-il vraiment dans les conditions d'un choc traumatique ?

réalité associé les deux, comme son illustre confrère Gilderoy Lockhart le pratiquait si bien[65].

LES MANGEMORTS

Le retour de Voldemort dans l'univers des sorciers s'accompagne également du retour de ceux qui composent son armée, les Mangemorts. Anciens étudiants de Poudlard dans les années 1940, ils se trouvent séduits par les théories mortifères de leur ami Tom Jedusor concernant l'idéologie d'un sang sorcier pur prétendument supérieur à celui des Moldus et des Nés-Moldus. Les Mangemorts portent la Marque des Ténèbres sur leur avant-bras gauche, symbole magique représentant un crâne avec un serpent sortant de sa bouche, qui peut brûler ou vibrer lorsque leur maître les appelle. Pour atteindre leurs objectifs, dont celui d'instaurer une dictature sur le monde magique et non magique, ils n'hésitent pas à utiliser la terreur, la torture et le meurtre. Les Sortilèges Impardonnables, tels que le sortilège de la Mort (*Avada Kedavra*), le sortilège *Doloris* (*Endoloris*) et le Sortilège de l'*Imperium* (Imperio), font partie de leurs armes couramment employées[66].

Si toutes les familles de Sang-Pur du monde magique ne sont pas des Mangemorts, le corollaire de cette obsession est la mise en place d'un principe de consanguinité[67]. Certaines familles en effet encouragent des mariages entre membres de la même famille ou avec d'autres familles de

---

65 - La manipulation mentale par Dumbledore à l'aide d'un Épouvantard ou d'un sortilège informulé ne peut pas non plus être écartée.

66 - Parmi leurs principaux membres, on compte Bellatrix Lestrange, Lucius Malefoy, Severus Rogue, Barty Croupton Jr., Fenrir Greyback.

67 - Le Registre des Sang-Pur compte 28 noms de familles de sorciers prétendant n'avoir aucun ancêtre moldu dans leur lignée. Elles sont surnommées « les Vingt-huit sacrés ».

sang-pur pour maintenir leur pureté de sang, ce qui conduit à des liens familiaux étroits et à des arbres généalogiques complexes. Par exemple, Sirius Black est lié à la famille Lestrange par sa cousine Bellatrix, tout en étant lié à la famille Malefoy à travers le mariage de son autre cousine Narcissa.

La consanguinité permet ainsi à ces familles de maintenir leur statut de Sang-Pur, une valeur qu'elles jugent essentielle afin d'assurer leur héritage magique. Néanmoins, elle entraîne aussi des problèmes de santé dus aux dégénérescences génétiques. De telles maladies héréditaires pourraient être suggérées dans l'œuvre par le caractère instable et violent des membres de familles de Sang-Pur.

La famille des Black, qui est l'une des familles de l'univers des sorciers les plus strictes en matière de pureté du sang, a souvent marié ses membres entre eux ou avec d'autres familles de Sang-Pur. Or, dans la Bataille du Département des mystères, ce n'est pas un mariage auquel on assiste entre deux membres de la même famille, mais bien à une exécution : celle du parrain/père de substitution de Harry, Sirius Black, par sa cousine, la Mangemort Bellatrix Lestrange.

Il semble qu'en exécutant son cousin, Bellatrix accomplit la Prophétie du professeur Sibylle Trelawney[68], selon laquelle l'un des deux ne doit pas survivre et sera tué par la main de l'autre. Cette prédiction qui, nous l'avons vu, s'applique tout aussi bien au couple Voldemort/Harry Potter qu'à celui, inattendu, Albus Dumbledore/ Harry Potter, semble ici concerner un « couple » formé par Sirius

---

68 - À la différence de Cassandre dans la mythologie grecque, frappée par un sort divin et condamnée à ne jamais être crue alors qu'elle dit la vérité, Sibylle Trelawney raconte tout au long de la saga des inepties dont s'extirpe pourtant la Prophétie. Évoluant dans une certaine confusion, son personnage fragile semble être sous la dominante d'Albus Dumbledore lui instillant, pourquoi pas, un sortilège de confusion, voire d'*Imperium*. Une fois encore, Albus se montre fort avec les faibles, laissant ses Élus combattre les forts.

et sa cousine Bellatrix. Même s'il n'est jamais mentionné que les familles des deux cousins aient projeté de les marier, les pratiques endogames des Black et des Lestrange, ainsi que l'antagonisme absolu de ces deux personnages, semblent montrer qu'ils ne peuvent survivre l'un en présence de l'autre.

Ainsi, les Mangemorts témoignent tout à la fois des liens dévorants de consanguinité (inceste) et de la menace d'une dégénérescence associée (maladie « morale » héréditaire) justifiant des sacrifices pour s'en préserver. Ce lien entre inceste et Mangemort est établi lorsqu'après la prise de contrôle du ministère de la Magie par Voldemort, le couple sœur/frère Alecto et Amycus Carrow est placé à Poudlard pour instaurer un climat de terreur et endoctriner les élèves. Amycus enseigne la défense contre les forces du Mal, qui devient en fait l'enseignement des Arts Sombres, alors que sa sœur Alecto enseigne l'Étude des Moldus du point de vue d'une propagande anti-Moldus.

L'accession au pouvoir de ce couple de Mangemorts, responsable de nombreuses atrocités et sévices sur les élèves de Poudlard, traduit ainsi l'aboutissement d'un processus de transmission traumatique, évoluant en réalité depuis l'entrée de nos héros à Poudlard, et dont la Prophétie rend compte de l'existence en justifiant leur sacrifice.

LA CAVERNE DES INFERI

Si la Prophétie concerne la destinée sacrificielle de l'Élu, il semble qu'elle permette aussi de remonter à un secret de l'origine. Car si l'on prend effectivement les termes désormais bien connus – l'un ne peut vivre si l'autre survit et l'un devra mourir de la main de l'autre –, ils s'appliquent avec exactitude aux conditions mêmes de l'origine traumatique de la vie. Explications.

Les éléments biographiques de Tom Jedusor et de Harry convergent sur un point : ils sont tous deux orphelins de leurs parents. Concernant Harry, il ne connaît que quelques informations fragmentaires sur ses parents, principalement ce que les Dursley ont bien voulu lui raconter, à savoir qu'ils sont morts dans un accident de voiture et que c'était de leur faute. À Poudlard, il apprend progressivement la vérité, notamment que ses parents appartenaient à l'Ordre du Phénix, qu'ils sont morts en tentant de le protéger et que sa cicatrice, si caractéristique, provient du sacrifice par amour de sa mère, Lily Potter.

À propos de Tom Jedusor, les responsables de l'orphelinat lui racontent que son père l'a abandonné avant sa naissance et que sa mère est morte en couches. Une fois à Poudlard, l'amertume qu'il ressent depuis toujours se transforme en fierté lorsqu'il découvre être le dernier descendant de Salazar Serpentard, l'un des fondateurs de l'école. Il en apprend également plus sur ses parents, et notamment sur le fait que son père, Tom Jedusor Sr., était un Moldu et que sa mère, Merope, a utilisé un philtre d'amour pour le séduire et l'épouser. Lorsque le philtre a cessé de fonctionner, Tom Jedusor Sr. a abandonné Merope, qui était alors enceinte.

Dans les deux cas, on constate que leur secret de l'origine n'est que tardivement révélé à Poudlard. Durant tout ce temps, ils se sont construits sur le silence et la culpabilité d'être en vie, puisque leurs parents les ont abandonnés ou sont morts pour leur permettre de vivre. Là encore, la Prophétie semble rendre compte des conditions mêmes de leur existence : une mort pour une naissance étant la configuration cruelle à laquelle ils ont été exposés précocement. L'épisode de la caverne des Inferi, précédant la Bataille de la Tour d'Astronomie, illustre de manière symbolique ce secret traumatique de l'origine pesant sur la destinée de nos personnages.

Dans *Harry Potter et le Prince de sang-mêlé*, Harry et Albus se rendent dans une caverne maritime pour récupérer l'un des Horcruxes, le médaillon de Salazar Serpentard. Il a été caché il y a longtemps par Tom Jedusor dans un bassin d'eau sombre se trouvant au centre de la caverne et qui se trouve entouré d'Inferi – des cadavres animés par la magie noire – prêts à attaquer quiconque tente de s'en approcher. Le médaillon, qui s'avère être un faux, est placé dans un bassin rempli d'une potion empoisonnée. Albus impose à son élève de vider la bassine en lui faisant boire l'eau jusqu'à ce qu'il récupère le médaillon, et cela même si cela lui produit des douleurs physiques et mentales insupportables. Harry accomplit son devoir en empoisonnant Albus, tout en utilisant un sortilège de feu pour le protéger des Inferi qui les assaillent.

Cette scène au fort impact visuel m'a toujours particulièrement intéressé en raison du conflit moral imposé à Harry, devoir sauver son mentor tout en œuvrant pour le tuer ! À propos d'Albus, il réalise ici une expérience de mort imminente (*Near Death Experience*) préfigurant sa résurrection à venir lors de l'épisode de son vrai/faux assassinat de la Bataille de la Tour d'Astronomie. En renaissant par la mort, il révèle ainsi au monde son invincibilité : il est l'égal de Dieu. On retrouve également au travers de ce cycle le même motif de la Prophétie qui nous intéresse, à savoir celui d'une mort pour une naissance. Sauf que dans cet environnement utérin (la caverne maritime), Albus, qui mime tout à la fois sa propre mort et son propre enfantement (spasmes digestifs évocateurs du travail d'accouchement) semble échapper à la règle qu'il a lui-même édictée. Par sa capacité à s'engendrer lui-même, il revient en effet d'entre les morts (les Inferi) pour relancer, sur le modèle de son phénix Fumseck, un nouveau cycle de vie. Harry, en revanche, lui reste bien coupable de transférer la mort (il fait boire le poison) à ceux qui lui apportent la vie (il est dépendant de son mentor) sur le modèle de sa propre origine (il est responsable de la mort de ses parents d'après ce que lui raconte Albus).

3

LA GUERRE DES DUMBLEDORE

À ce stade de mon analyse, il est temps de rassembler les différents éléments présentés pour les unifier en une première tentative de synthèse. Le monde magique, porteur de secrets traumatiques, fait mystérieusement correspondre à travers le temps l'histoire de certains personnages selon un principe de reviviscence. Au vu des profondes contradictions que les dires, règles et propos comportent dans l'œuvre, ce sont mieux encore les aventures de nos personnages, au temps présent de la saga, qui renseignent par déduction, par supposition, par élimination, sur ce qu'il s'est réellement passé au sein de la famille de sorciers la plus célèbre du monde magique : les Dumbledore.

LE CONTE DES TROIS FRÈRES

Une fois n'est pas coutume, le récit familial des Dumbledore fonctionne comme une boussole permettant de mettre en place un nouveau récit. Car cette histoire structure le psychisme de notre personnage central, Albus, dont la vie mentale se projette dans toutes les dimensions de l'œuvre. C'est lui qui, en sa qualité de grand sorcier et de directeur de l'enseignement de Poudlard, connaît mieux que quiconque les arcanes du monde magique, lui qui apprécie le mieux le pouvoir détenu par chaque personnage de l'intrigue, lui qui est détenteur de tous les secrets par sa connexion à un passé reculé. Pygmalion de Harry qu'il fait venir à Poudlard, de Tom Jedusor qu'il fait sortir de son orphelinat ou encore de Remus Lupin qu'il protège de ses transformations, Albus partage avec eux, plus encore que des affinités, des caractéristiques communes définissant son identité.

Les souffrances de son adolescence en lien à la disparition de ses parents innervent en particulier les différents niveaux du récit. Une nouvelle fois, c'est de manière indirecte que l'on va s'approcher de la terrible réalité des faits tels qu'ils ont dû, il y a longtemps, se dérouler. Et c'est le Conte des trois frères, qu'appréciait tout particulièrement notre vénérable sorcier dans son enfance, qui nous suggère avec quelle intensité désespérée un frère a pu aimer sa sœur.

Le Conte des trois frères relate l'histoire des trois frères Peverell : Antioche, Cadmus et Ignotus. Récit dans le récit auquel il confère une dimension mystique et ésotérique, ce conte populaire dans le monde des sorciers est extrait du recueil *Les Contes de Beedle le Barde*. Légué par voie testamentaire d'Albus à Hermione, le livre permet à nos jeunes héros de prendre connaissance de l'existence des Reliques de la Mort[69].

C'est l'histoire de trois frères voyageant ensemble le long d'une route crépusculaire. Ils atteignent une rivière trop dangereuse pour être traversée et font donc apparaître un pont de manière magique. Mais la Mort, contrariée de voir que les frères vont lui échapper, monte un stratagème, et sous couvert de bienveillance, œuvre à leur perte.

---

69 - Les Reliques de la Mort sont des artefacts magiques offerts par la Mort à ces trois sorciers pour les récompenser de leurs pouvoirs. Selon cette légende, la personne en mesure de toutes les posséder deviendrait le Maître de la Mort, raison pour laquelle Harry, déjà détenteur de la Cape d'Invisibilité, se met en quête de la Baguette de Sureau afin d'obtenir un avantage décisif sur Voldemort et ses Horcruxes.

Au frère aîné, la Mort fait don de sa baguette la plus puissante jamais fabriquée, la Baguette de Sureau. Au deuxième, elle donne la Pierre de Résurrection possédant le pouvoir de ramener les morts à la vie. Au troisième, elle offre sa Cape d'Invisibilité afin qu'il parvienne toujours à s'échapper. L'aîné, devenu un sorcier puissant et invincible, suscite des jalousies à propos du pouvoir de sa baguette. De nuit, un sorcier ennemi pénétre chez lui, et après la lui avoir dérobée, lui tranche la gorge. Le deuxième frère se marie avec sa fiancée décédée, qu'il a ramenée d'entre les morts grâce à la Pierre de Résurrection, mais celle-ci restant triste et froide, il sombre dans le désespoir et se pend. Le troisième frère atteint un grand âge, et ayant bien vécu, donne sa Cape d'Invisibilité à son enfant, avant de suivre la Mort avec joie.

À la portée fantastique de ce récit se surajoute une dimension généalogique. James Potter, en effet, descend d'Ignotus Peverell, et il hérite donc de la Cape d'Invisibilité, elle-même léguée à Harry par Albus. Cet objet magique, dont il se sert si fréquemment au cours de ses aventures, participe à certifier la constitution légendaire du jeune sorcier par la filiation qu'il trace avec son ancêtre mythique. Par ailleurs, la bague sur laquelle est sertie la Pierre de Résurrection appartient à la famille Gaunt dont descend Tom Jedusor par sa mère, Merope. Là encore, cette filiation apporte une caractéristique légendaire à ce personnage maléfique dont on sait qu'il a la particularité de posséder une baguette de sorcier jumelle avec celle de Harry, leurs plumes étant issues du phénix d'Albus Dumbledore, Fumseck.

Trois frères et trois volontés distinctes : grandeur et puissance pour Antioche Peverell, amour (maudit) et remords pour Cadmus Peverell, usurpation et facétie pour Ignotus Peverell. S'il est aisé de projeter Albus dans la destinée de Cadmus (il veut faire revenir Ariana), on peut également le retrouver dans les destinées d'Antioche par l'intermédiaire de sa relation avec Gellert Grindelwald (il porte un désir inassouvi de renommée) et d'Ignotus par l'intermédiaire de sa relation avec Harry (il manipule son entourage sur sa vraie/fausse mort, il se « joue » de la mort au sens littéral). Trois frères, comme trois sorciers, unis dans un temps long et correspondant entre eux : Albus Dumbledore, Voldemort et Harry Potter. Trois protagonistes chargés de porter en leur nom toutes les culpabilités jamais expiées ni réparées du directeur de Poudlard.

D'ALBUS DUMBLEDORE À GELLERT GRINDELWALD

C'est l'apparition de Gellert Grindelwald qui participe à créer une fracture irréversible dans la fratrie des Dumbledore, justifiant la création d'un monde magique de manière rétrospective chargé de protéger ce secret traumatique.

Pour contextualiser les faits, cette rencontre se déroule l'été des 18 ans d'Albus. Chef de famille depuis l'emprisonnement de son père à ses 10 ans, ce dernier se trouve endeuillé par la disparition de sa mère Kendra au printemps de l'année 1899. Celle-ci aurait été accidentellement tuée par sa fille, Ariana, sujette à de violentes crises de nerfs en l'absence de son frère Abelforth.

Albus, qui est scolarisé à Poudlard et se prépare à passer ses examens de fin d'études (les ASPICs) se trouve très certainement dérouté par la situation. Il doit non seulement déplorer un deuil tragique risquant de ternir sa réputation sociale, sans compter la dimension affective et émotionnelle d'une telle perte, mais se résoudre en plus à ajourner ses projets de tour du monde avec son ami Elphias Doge, et peut-être même abandonner ses espoirs de carrière pour s'occuper de sa sœur. De retour à Godric's Hollow, où il prévoit de passer l'été à garder Ariana, c'est dans cet état de nerf imprécis, entre douleur et résignation, qu'il rencontre, en juillet Gellert Grindelwald. D'un an son cadet, ce dernier partage rapidement avec lui de véritables affinités électives. Loin du discours fataliste que se récite Albus, il lui offre de nouvelles perspectives propres à l'enthousiasmer : il sera l'un des plus grands sorciers que le monde magique ait jamais connu, il régnera sur les deux mondes dont celui des Moldus « pour leur plus grand bien ». Séduit, voire amoureux (ce que sous-entend Rowling elle-même après la sortie du dernier tome de la saga), Albus se projette dans cette relation au point que son frère Abelforth doive intervenir à l'automne 1899 pour lui rappeler ses obligations familiales, ce que Gellert ne supporte pas. S'ensuit un violent combat entre les trois hommes dont Ariana est la victime collatérale. Gellert disparaît et Abelforth voue une rancune tenace envers Albus. La relation intense entre Albus et Gellert n'aura duré que quelques mois – environ quatre mois pour être précis –, suffisamment néanmoins pour laisser une trace impérissable dans le monde magique.

J'ai proposé l'idée selon laquelle Albus Dumbledore s'engendrait lui-même dans la caverne des Inferi, établissant la fin d'un cycle de vie pour en ouvrir un nouveau. Selon cette loi de l'engendrement psychique, un sujet est capable de donner naissance, hors reproduction sexuée, à un double temporel de lui-même. Cette dissociation peut par exemple se produire à une date anniversaire (traumatisme par procuration), ou lorsqu'il se trouve sous une pression traumatique interne (maladie) ou externe (évènements de vie) suffisamment puissante pour scinder en deux son psychisme.

Pour revenir au cas d'Albus, la prédisposition dont il témoigne dans la caverne des Inferi à se métamorphoser rend compte du fait qu'il possède probablement depuis longtemps un tel pouvoir dissociatif. Sans doute faut-il comprendre la disparition de sa mère comme étant l'un des évènements instigateurs de ce procédé. Reprenons.

Chef de famille depuis la disparition/décès de son père, Albus veille de manière patriarcale sur son frère, sa mère et sa sœur, tout en poursuivant sa scolarité. Absent comme Abelforth de la maison durant ses longues périodes scolaires, il porte pourtant en son nom la responsabilité de la disparition de sa mère. Ce vécu de double peine qui le terrasse – il est victime d'un deuil et d'un déclassement social, tout en se sentant coupable d'en être le responsable – produit l'événement dissociatif traumatique : Albus engendre psychiquement à Godric's Hollow son double maléfique, Gellert Grindelwald, cette part de lui qui transforme son sentiment d'injustice en un pouvoir morbide qu'il exerce sur les autres.

LA GUERRE DES DUMBLEDORE

En développant l'idée que Gellert Grindelwald est le double maléfique d'Albus, cette hypothèse permet désormais de relire différemment les évènements de la Guerre des Dumbledore. Nous sommes à l'automne 1899. Albus, Gellert et Abelforth entament une explication en présence d'Ariana. Abelforth se montre virulent dans sa prise de parole, reprochant à Gellert d'instrumentaliser son frère à travers son projet de domination du monde moldu et de chercher à l'accaparer au détriment de sa famille. De cette manière, il met Albus en garde sur les conséquences de ses comportements et sur la fragilité de leur sœur dont l'état de santé nécessite que l'on s'occupe d'elle. Frustré par ces propos, pris d'une crise de rage incontrôlée, Gellert attaque Abelforth avec un Sortilège *Doloris*, produisant une mêlée indescriptible. Ariana meurt au terme de cette altercation générale sans que personne ne sache qui en est responsable. Son décès précipite le départ de Gellert et l'agression physique d'Albus par Abelforth lors des funérailles.

Au moment de sa rencontre avec Gellert, on sait simplement qu'Albus est tout juste diplômé de Poudlard. Désormais aguerri à la magie, il est envisageable qu'il peaufine sa pratique des Sortilèges Impardonnables durant les mois d'été au contact du mage noir. Et que c'est dans un état de grande confusion personnelle, en lien à son conflit de loyauté entre désir de conquête et devoir familial, qu'il produit des comportements imprévisibles et extrêmes.

L'événement qui se clôture par la mort accidentelle d'Ariana est suffisamment flou pour que l'on puisse émettre l'hypothèse d'un récit falsifié. Ainsi, on pourrait imaginer que ce soit en réalité Albus qui, chargé de frustration et de ressentiment envers une famille contrariant ses rêves de grandeurs et de liberté, attaque tout d'abord son frère Abelforth à l'aide d'un Sortilège Impardonnable *Doloris* sous l'identité de Gellert. Revenu sous l'identité d'Albus, il contre-attaque contre Gellert Grindelwald, probablement avec un sortilège de la Mort, causant le décès d'Ariana. Après ce drame, et conscient de l'horreur de la situation, Albus efface ses actes abominables de la mémoire de son frère Abelforth en le plaçant sous l'influence du Sortilège Impardonnable de l'*Imperium*, malgré la résistance et les accusations de ce dernier. Finalement, Albus aurait produit les trois Sortilèges Impardonnables, sous sa forme propre ou celle de son double maléfique Gellert, à l'origine de la disparition de sa sœur. Abelforth, qui essayait de la protéger, aurait été vaincu par les pouvoirs de son frère, pour toujours réduit au silence, à jamais porteur d'un secret imprononçable. On pourrait alors imaginer que les trois sortilèges *Doloris*, de la Mort et *Imperium* sont devenus impardonnables, et donc formellement encadrés dans le monde des sorciers, depuis cette date tragique, où Albus aurait assassiné sa sœur pourtant bien aimée en raison de l'obstacle qu'elle représentait pour sa vie et sa carrière. À moins que ces raisons ne cachent un autre secret, tout aussi impardonnable et inavouable, liant le frère et la sœur...

D'ABELFORTH DUMBLEDORE À RUBEUS HAGRID

Plusieurs indications dans la saga corroborent le pouvoir d'emprise qu'exerce Albus Dumbledore sur son frère cadet Abelforth. On pourrait même considérer que ce dernier est le gardien du secret de son frère aîné, après qu'un lien indestructible les unissant a été créé par Gellert Grindelwald, lien que l'on peut comparer à un autre d'une nature proche : le Pacte de Sang reliant Gellert et Albus des années durant.

C'est au travers des révélations faites par Rita Skeeter dans *La Gazette du sorcier* que notre trio apprend l'existence du frère cadet d'Albus. Elle rapporte à son sujet qu'il a été condamné vers 1982 par le Magenmagot, l'instance judiciaire la plus élevée du monde sorcier britannique, pour usage inapproprié d'un sortilège sur une chèvre[70]. En insinuant dans son article que cet incident entache la réputation de la famille Dumbledore, tout en faisant passer Abelforth pour un attardé mental, elle cherche surtout à discréditer Albus au travers des actions scandaleuses de son frère.

Si Albus reste stoïque et continue à se concentrer sur ses responsabilités, malgré les révélations de la journaliste, il corrobore pourtant l'intérêt de son frère pour les chèvres par ses propres insinuations, affirmant notamment que ce dernier demandait sans cesse qu'on lui raconte le conte « Grincheuse la chèvre pouilleuse », extrait des *Contes de Beedle le Barde*, dont il remettra le livre à Hermione en héritage, ou en

70 - *Harry Potter et la Coupe de Feu*

confirmant aux enfants, lorsque Rubeus Hagrid est lui aussi dénoncé pour ses origines par la même journaliste, que son frère utilisait des Sortilèges Impardonnables de manière absurde sur les chèvres.

Si l'affinité que porte Abelforth pour les chèvres – il en fait son Patronus (un bouc) – prête à sourire, elle nous permet surtout d'introduire l'homologie avec le personnage de Rubeus Hagrid, qui veille sur un ensemble d'animaux évoquant ce quadrupède, comme le troupeau de Sombrals, les Hippogriffes, les Licornes ou les Centaures.

Rubeus Hagrid naît le 6 décembre 1928, deux ans après Tom Jedusor, soit un écart d'âge à peu près similaire à celui existant entre Albus et Abelforth Dumbledore. Orphelin d'une mère géante l'ayant l'abandonné très tôt à l'âge de 3 ans, élevé par son père sorcier jusqu'à ce qu'il décède quand Hagrid avait 12 ans, il se trouve injustement accusé de l'ouverture de la Chambre des secrets en 1943 et du meurtre de Mimi Geignarde par le biais de sa créature fantastique, l'Acromentule Aragog. Interrompant sa scolarité en raison des faits, Albus Dumbledore obtient qu'après son exil il revienne à Poudlard pour en devenir « le gardien des lieux et des clés ». Il vit depuis dans une cabane rustique, à la lisière de forêt, comme garde-chasse du domaine, veillant sur les allées et venues.

Cinquante ans plus tard, la Chambre des secrets est de nouveau ouverte. Sous la pression des événements et des parents inquiets, le ministre de la Magie, Cornelius Fudge, décide d'emprisonner un Rubeus innocent à Azkaban pour éviter la panique. Cela se produit avant qu'une enquête complète ne soit menée, son personnage étant une nouvelle fois injustement accusé avant d'être libéré grâce aux efforts de Harry. À ce sujet, le comportement d'Albus lors de cette séquence d'événements interroge une nouvelle fois. En se présentant comme le protecteur de Rubeus devant les enfants (Albus est conscient de la présence de Ron et Harry lorsqu'il se trouve dans la cabane de Hagrid avec Fudge), il met en scène sa suspension temporaire de directeur de Poudlard par le conseil d'administration comme un sacrifice qu'il fait pour son ami.

On le voit, Albus n'incrimine jamais directement Abelforth/Rubeus d'un éventuel crime, tout en induisant l'idée de leur culpabilité en reprenant à son compte certaines informations pourtant suspicieuses, notamment celles de Rita Skeeter, qui a aussi écrit sur Hagrid dans *La Gazette des Sorciers*. Elle rapporte en effet que les origines de géant de Rubeus représentent une tare et le rendent potentiellement dangereux pour les enfants avec ses créatures magiques[71]. Personnage ne devant pas être aimé car décrit comme un monstre et rejeté tout le long de la saga – emprisonnement, démission puis suspension de ses fonctions –, principalement en raison de ses origines de demi-géant, de ses méthodes d'enseignement et des créatures qu'il choisit de présenter aux élèves, Rubeus sollicite un fort sentiment d'injustice à plusieurs reprises chez les enfants. Cette position rappelle là encore celle d'Abelforth Dumbledore, auquel nous pourrions l'apparenter. En effet, chacun est condamné à un exil relatif en périphérie de Poudlard, dont ils contrôlent les accès – Rubeus en est le garde-chasse, Abelforth est tenancier de La *Tête de Sanglier*, taverne située dans le village de Pré-au-Lard, d'où part un souterrain vers l'école. Tous deux sont par ailleurs accusés plus ou moins explicitement d'un crime qu'ils n'ont pas commis et de ne pas avoir fait fructifier leurs compétences magiques[72].

Pour revenir à la passion d'Abelforth pour les chèvres, et par extension à celle pour les créatures magiques de Rubeus, celle-ci peut s'expliquer par le fait que ces animaux produisent dans leur estomac un bézoard, soit un antidote naturel et mythologique contre la plupart des poisons connus, notamment contre les philtres d'amour. Cette éventuelle fonction de protection pourrait expliquer l'attrait humoristique d'Abelforth à l'égard des chèvres. Selon cette idée, il

---

71 - *Harry Potter et la Coupe de Feu*

72 - Rubeus ne finit pas ses études et se trouve être un piètre sorcier ; Abelforth est toujours décrit comme intellectuellement diminué par rapport à son frère.

jouerait le rôle de gardien familial en s'assurant de ne jamais manquer de l'élément nécessaire à la réalisation des antidotes[73].

Un dernier élément concernant la destinée d'Abelforth en bouc émissaire des Dumbledore doit retenir notre attention. En anglais, en effet, un bouc émissaire se dit *scapegoat*, mot qui fait donc référence à son animal préféré[74]. C'est ce même animal dont il produit le Patronus, le même qu'il incarne littéralement lorsqu'on le décrit comme obtus et stupide (il devient une chèvre si on met bout à bout toutes les réflexions désobligeantes d'Albus). Un bouc émissaire qui pourrait aider Albus à se décharger de la culpabilité de la mort d'Ariana.

UNE AUTRE HISTOIRE DES DUMBLEDORE

Sur la base de ces éléments et des suppositions incidentes s'ouvre la compréhension d'une autre histoire, une histoire que l'autrice a pris soin d'éparpiller dans le temps, mais aussi dans les récits ou les biographies de certains personnages annexes. C'est l'histoire originelle d'Albus Dumbledore, au travers de son contexte de vie familiale, que je vais essayer ici de faire apparaître.

Histoire de la famille Dumbledore des 10 aux 16 ans de leur fils Albus

La scolarité d'Albus Dumbledore à Poudlard est marquée par des réussites exceptionnelles qui l'emmènent à devenir l'un des plus grands

---

73 - La protection exercée par une chèvre est confirmée lorsque par le Patronus d'Abelforth (un bouc) crée une diversion contre les Mangemorts pour permettre à Harry de participer à la Bataille de Poudlard dans *Harry Potter et les Reliques de la Mort*.

74 - Le mot « *goat* » signifie chèvre en anglais.

sorciers de son temps. Placé dans la maison Gryffondor, il entretient d'excellentes relations avec ses professeurs, se lie d'amitié avec Elphias Doge ou avec le célèbre alchimiste Nicolas Flamel, et remporte plusieurs prix académiques pour ses recherches et innovations magiques. C'est donc un étudiant studieux et seulement accaparé par ses études qui nous est présenté, bien loin d'un étudiant instable, incontrôlable.

Deux possibilités s'offrent à lui pour contourner les charmes magiques qui protègent le château, afin de revenir jouer son rôle de chef de famille auprès de sa mère Kendra et de sa soeur Ariana, comme nous renseigne Harry lui-même au cours de son apprentissage : prendre du Polynectar, tel Barty Croupton Jr., en se faisant passer pour un autre – Harry utilise cette potion dès l'âge de 12 ans – ou détenir la Carte du Maraudeur et la Cape d'Invisibilité lui permettant d'emprunter les souterrains sans être vu – Harry utilise les deux dès l'âge de 13 ans. En effet, les autres moyens de déplacement du monde magique, tels la poudre de cheminette – Harry en utilise dès l'âge de 12 ans –, le Portoloin – Harry en utilise dès l'âge de 14 ans – ou, mieux encore, la faculté de transplaner – Harry y parvient à l'âge de 16 ans – sont inefficaces au sein même de l'école de sorcellerie[75].

À moins que l'on admette une nouvelle fois que Poudlard est en réalité le royaume d'Albus Dumbledore, qu'à sa naissance répond sa création et que son organisation topographique se moulerait sur son appareil psychique, qui marque un tournant dans l'évolution de notre personnage. Celui-ci apparaîtrait dès lors comme singulièrement torturé, sept passages secrets comme autant d'années scolaires permettant de sortir de son labyrinthe, les escaliers y étant mouvants, les fantômes actifs et parlants, des salles secrètes y existant comme la Salle sur Demande. J'y retrouve aussi la théorie des « trois cerveaux » popularisée par le neuroscientifique Paul D. MacLean dans les années

---

75 - L'usage des Armoires à Disparaître est mentionné dès les seize ans de Harry, même si ce dernier ne les utilise pas.

1960, et qui stipule que notre cerveau est composé de trois strates ou niveaux évolutifs distincts. Un cerveau reptilien, responsable des comportements instinctifs et primitifs que nous partageons avec les reptiles, et que l'autrice décrit ici comme enfoui et effrayant en le logeant dans les souterrains du château avec la maison Serpentard – la maison des serpents ! Un cerveau évolué représenté par un système limbique, chez les premiers mammifères, qui gère les émotions, la mémoire à long terme, le comportement social, et qui pourrait correspondre au rez-de-chaussée de l'école – réfectoire, lieux de vie sociaux – et aux fonctions directoriales d'Albus – il est le gardien des traditions. Et puis le néocortex, ou cortex cérébral, responsable des fonctions cognitives avancées telles que le raisonnement, la planification, le langage et la pensée abstraite, notamment développé chez les primates et les grands singes, comme les humains, et qui pourrait être ici assimilé à la maison Gryffondor située dans les tours de Poudlard. Selon cette hypothèse, Harry devient donc une part du psychisme d'Albus l'aidant à stimuler les fonctions les plus complexes de son intelligence en participant activement à ses mises en scène[76]. Si les règles de Poudlard s'appliquent à tous, il se pourrait bien que son directeur, qui connaît mieux le château que quiconque, ait appris à les enfreindre.

Histoire de la famille Dumbledore après les 16 ans d'Albus

Les 16 ans d'Albus, correspondant à l'avant-dernière année de sa scolarité à Poudlard, marquent un tournant dans la folie de notre personnage. C'est effectivement à cet âge-là que Tom Jedusor ouvre la Chambre des secrets et assassine Myrtle Elizabeth Warren, alias Mimi Geignarde, avant de faire disparaître son père. C'est aussi

76 - La mise en scène finale d'Albus concernant son vrai/faux assassinat, et qui est le fait d'armes de son plan concernant Harry, ne se déroule-t-elle pas au sommet de la Tour d'Astronomie, point culminant le plus « brillant » de sa planification ?

l'âge de Gellert Grindelwald lorsqu'il est renvoyé de l'école de magie de Durmstrang. Selon cette loi de correspondance, la mort de Perceval se situerait aux 16 ans d'Albus dans des conditions non élucidées, disparition faisant rejaillir sa culpabilité d'être à l'origine de son emprisonnement.

L'année suivante, celle des 17 ans d'Albus, confirme de manière rétrospective cette hypothèse à travers le vécu de Harry, quand il a le même âge à Poudlard. Ainsi, lors de l'ultime Bataille de Poudlard, le chaos s'empare du monde des sorciers, aboutissant à la destruction de l'école de sorcellerie, et donc, par équivalence, à celle de l'appareil psychique d'Albus, qui aurait basculé dans la folie.

Puis, quelques mois avant ses 18 ans survient le drame de la disparition de sa mère Kendra avec laquelle il ne semble plus être en si bons termes depuis deux ans déjà, référence faite à l'arrivée de Dolorès Ombrage au pouvoir à Poudlard. Est-elle vraiment victime d'un accident tragique impliquant sa fille ? Ou peut-on imaginer qu'elle soit décédée de chagrin après la mort de son mari en prison (elle ne lui survit pas) ? Ou alors est-elle écartée selon les termes d'une nouvelle mise en scène ?

Ce qui est certain en revanche est que cette disparition referme le cycle scolaire de notre protagoniste – il passe ses ASPICs quelques mois après –, comme l'emprisonnement de son père l'avait ouvert à ses 10 ans. Sept années de scolarité comme l'écart de temps entre la disparition de son père et de sa mère, ce qui confirme qu'entrer à Poudlard revient bien à s'immerger dans le vécu traumatique de son directeur. Durant ces sept années, Albus porte ainsi la culpabilité de l'emprisonnement de son père et la dépression réactionnelle de sa mère dans un contexte angoissant alimentant l'émergence de son double. Il porte également les responsabilités familiales, cherchant la renommée pour asseoir son statut de père substitutif, mais remis en question par sa mère, et doit parachever sa monstrueuse transformation pour ne pas être remplacé.

Une dernière règle du monde magique épouse à la perfection les besoins d'Albus Dumbledore. La Trace est un sortilège magique utilisé dans le monde des sorciers pour réglementer l'usage de la magie en dehors de Poudlard par les sorciers mineurs (ceux de moins de 17 ans). Si elle ne les surveille pas en permanence, elle détecte cependant les actes de magie dans leur environnement immédiat et en informe le ministère de la Magie. Ce dernier doit alors statuer sur une éventuelle responsabilité du sorcier mineur, tâche rendue ardue par le fait qu'il ne peut distinguer avec certitude la personne ayant utilisé la magie lorsque l'élève vit chez des sorciers adultes ou dans un foyer mixte (sorciers et Moldus). Une telle incertitude peut ainsi permettre un usage malhonnête de la magie par un jeune sorcier ne souhaitant pas être incriminé.

Pour revenir à Albus, le fait que sa mère Kendra décède alors qu'il est âgé de 17 ans indique qu'il bénéficie lui-même de la possibilité d'utiliser sa magie à son domicile sans courir le risque d'être détecté. Dès lors, tous les évènements magiques se situant chez lui et ne l'impliquant pas en apparence peuvent, et doivent, être repensés. De la même manière, et bien qu'il soit probable que le ministère de la Magie ne la surveille pas de manière conventionnelle en raison de son caractère imprévisible, Ariana reste tout au long de sa vie protégée par un sorcier adulte – son père avant qu'il ne soit emprisonné, sa mère avant qu'elle ne décède, Albus avant qu'elle ne meure –, ce qui masque là encore l'usage de son éventuelle magie. Dans ces conditions, inversées à celles d'Albus, aucune preuve formelle ne peut donc être apportée sur le caractère instable de sa magie et sur son implication dans les faits divers qui lui sont reprochés.

DES ANIMAUX FANTASTIQUES

Si la saga *Les Animaux Fantastiques* se déroule bien dans le même univers que celui de la saga *Harry Potter*, elle explore principalement les événements menant à la montée en puissance du sorcier noir Gellert Grindelwald dans les années 1920. C'est dans cette dernière que de nouveaux éléments concernant l'adolescence des enfants Dumbledore me permettent de valider et enrichir les hypothèses que j'ai déjà formulées. Résumons.

Dans le premier film *Les Animaux Fantastiques* (2016), l'histoire commence en 1926, lorsque Norbert Dragonneau (Newt Scamander) arrive à New York avec une valise remplie de créatures magiques. Le magizoologiste britannique voit certaines de ses créatures lui échapper, ce qui conduit Norbert à s'associer avec un Moldu nommé Jacob Kowalski, ainsi qu'avec deux sœurs sorcières, Tina et Queenie Goldstein, pour les récupérer. Pendant ce temps, un Obscurus, une entité magique destructrice créée par la répression des pouvoirs magiques, cause des ravages dans la ville. Il est lié à un jeune garçon qui devient alors un Obscurial. Nommé Croyance Bellebosse (Credence Barebone), il est sous l'influence de Percival Graves, un Auror du MACUSA (Congrès magique des États-Unis). À la fin du film, il est révélé que Percival Graves est en réalité Gellert Grindelwald, un sorcier noir puissant, qui est arrêté par les autorités magiques.

Dans le second volet *Les Animaux Fantastiques : Les Crimes de Grindelwald* (2018), le film commence par l'évasion spectaculaire de Grindelwald de la garde du MACUSA. Grindelwald commence à rassembler des partisans pour sa cause : établir la suprématie des sorciers sur les Moldus. Albus Dumbledore, professeur à Poudlard et ancien ami proche de Grindelwald, envoie Norbert en mission pour retrouver Croyance, qui pourrait être la clé pour défaire Grindelwald. Norbert, accompagné de Jacob, Tina, et Queenie, part à Paris pour retrouver Croyance. Au cours de leur quête, de nombreux secrets sont révélés, y compris les véritables motivations de Grindelwald et l'identité de Croyance, que le mage noir affirme être Aurelius Dumbledore, un membre caché de la famille Dumbledore.

Le troisième film, *Les Animaux Fantastiques : Les Secrets de Dumbledore* (2022), se concentre sur la lutte contre Grindelwald, qui continue de gagner en puissance et cherche à manipuler l'élection du leader du monde sorcier. Albus Dumbledore, incapable de l'affronter directement à cause d'un Pacte de Sang qu'ils ont fait dans leur jeunesse, envoie Norbert et une équipe de sorciers pour déjouer ses plans. À propos de Croyance, il est révélé qu'il est né d'une liaison entre le frère d'Albus, Abelforth Dumbledore et une femme inconnue. Adopté enfant par Mary Lou Bellebosse, une femme cruelle qui dirige à New York un groupe anti-sorcier, les Fidèles de Salem, son père ne connaît pas l'existence de son fils pendant ces nombreuses années.

C'est Gellert Grindelwald qui finalement manipule Croyance, jeune homme fragile en quête de son identité et de son passé, en lui révélant partiellement ses origines. En lui faisant croire que son oncle Albus est l'une des raisons pour lesquelles il a été abandonné, tout en le convaincant que seul un membre de la famille Dumbledore peut le tuer, il transforme la quête d'identité de Croyance en une mission de vengeance et de légitimité. Faisant cela, il espère canaliser de manière destructrice l'Obscurus qu'abrite Croyance dans le but de tuer son ennemi juré qu'il voit comme son plus grand obstacle à la domination mondiale. À la fin, le Pacte de Sang est détruit, ouvrant la voie à un affrontement direct entre Dumbledore et Grindelwald dans les films à venir.

Comme je l'ai décrit précédemment, les sept années que passe Albus Dumbledore dans l'enfer de Poudlard sont marquées par l'abus et la culpabilité. Le nouvel élément qu'apporte à notre connaissance la saga *Les Animaux Fantastiques* est l'existence d'un enfant né d'une union illégitime chez les Dumbledore à cette période, un fils illégitime qu'aurait eu Abelforth avec une inconnue et qui lui aurait été enlevé dans une atmosphère de secret. Mais est-ce bien son enfant ? Ou est-il en lien avec Albus Dumbledore, le mentor familial ?

DANS LA FORÊT DE DEAN

Pour conclure ce chapitre, j'ai envie de rendre justice aux deux véritables héros de la série ayant si durement souffert de l'action de leur grand frère, Abelforth et Ariana Dumbledore.

À propos d'Abelforth, j'ai déjà indiqué que sa position de bouc émissaire le rapproche de celle de Rubeus Hagrid, ainsi que de celle de Harry lorsqu'il subit la toute-puissance de son mentor, la dimension héroïque en moins. Car en acceptant d'être tenu responsable des évènements graves au sein de sa famille, par inaction ou implication directe, il se sacrifie par amour au risque de sa propre folie. Ce complexe psychologique consistant à faire porter à un enfant de la fratrie la responsabilité d'un mal-être collectif caractérise la position d'Abelforth qui devient ce que l'on nomme un enfant désigné, ayant la fonction cathartique d'expurger le mal familial qu'il incarne et centralise.

Quant à Ariana, orpheline de père et surprotégée par une mère fusionnelle refusant qu'elle ne la quitte, elle se trouve confrontée à l'inexorable transformation d'Albus qu'elle ne parvient pas à empêcher. Néanmoins, la relation qui l'unit à son frère aîné semble là encore complexe, voire marquée par le syndrome de Stockholm, à savoir l'existence de liens sentimentaux unissant le bourreau et sa victime. Ainsi apparaît-elle vis-à-vis de son frère paradoxalement tendre et compréhensive, comme l'épisode de la forêt de Dean entre Hermione, Harry et Ron vient nous la présenter. Toujours selon un procédé d'équivalence, leur fuite pendant l'année scolaire de leurs 17 ans et sous l'influence néfaste du Médaillon de Serpentard leur faisant ressentir des sentiments contre-naturels de jalousie et de rancune, renvoie une nouvelle fois aux relations ambiguës des frères et sœur Dumbledore.

Au cœur de cette forêt originelle, dans laquelle rôde la menace Fenrir Greyback, Ariana/Hermione assure protection et sens du sacrifice envers les souffrances de Albus/Harry en déployant pour lui tout à la fois des soins maternels et une forme d'intimité sentimentale. Ce sont donc des liens pathologiques qui unissent le frère et la sœur. Ron/Abelforth, face au couple qu'ils forment, se sent initialement rejeté et décide de les quitter. Mais, gardien de l'ordre moral, il revient malgré tout sauver Harry/Albus d'une noyade certaine et récupérer l'épée de Gryffondor à ses risques et périls. Cette action de sauvetage qu'incarne Abelforth se concrétise donc non seulement à travers Ron dans la forêt de Dean, mais aussi lorsqu'il envoie son Patronus en forme de chèvre pour illusionner les Détraqueurs et permettre aux adolescents de revenir participer à la Bataille de Poudlard. Ou lorsque, dans le manoir des Malefoy, en pleine horreur symbolique incestueuse, il leur envoie de manière bienveillante l'elfe Dobby pour venir les sauver après qu'il a pris connaissance de leur situation grâce au Miroir à Double Sens[77]. Pourtant, ce frère aimant et protecteur, véritable figure positive de la saga, est stigmatisé pour sa différence, ridiculisé

---

77 - Le Miroir à Double Sens d'Abelforth Dumbledore fait référence à un objet magique important dans *Harry Potter et les Reliques de la Mort*. Il s'agit d'un fragment d'un miroir à deux voies autrefois possédé par Sirius Black et donné à Harry Potter. Il permet de communiquer instantanément avec celui qui possède l'autre moitié du miroir.

par l'épisode des chèvres, injustement accusé d'un défaut de surveillance auprès d'Ariana ou d'un meurtre qu'il n'a pas commis, raillé pour sa stupidité car peu scolarisé et maladroit, calomnié par Rita Skeeter qui décrit dans son journal un homme violent. Bref, il représente le coupable idéal, puisqu'il est incapable de se défendre.

Quant à Albus, dès ce moment précis où il prend le commandement familial et devient une figure paternelle pour les protéger, cette place puissante qu'il occupe fait de lui un personnage d'ordre divin. Sa domination sans partage aurait pu s'accomplir par l'usage du sortilège *Imperium* afin de faire disparaître des évènements de la mémoire de sa famille et ainsi les placer à sa merci.

Par l'octroi de cette position dominante familiale, couplée à une renommée scolaire grandissante et dans l'attente de sa consécration ultérieure en tant que directeur de Poudlard, Albus Dumbledore prépare les conditions à venir de son immortalité. Finalement ce qu'il accomplit lorsqu'il entre en possession des trois Reliques de la Mort.

III

L'histoire secrète de

HARRY POTTER

1

LES 7 MYSTÉRIEUSES VIES DE HARRY POTTER

La Prophétie au cœur de la série selon laquelle l'un ne peut survivre tant que l'autre reste en vie, concerne tout à la fois la relation entre Harry et Voldemort, mais également Harry et son mentor Albus. Ce dernier, dans une mise en scène de génie, feint son accomplissement au travers de sa fausse disparition pour conduire Harry lui-même, dans un effet de renversement final, vers son propre sacrifice face au Seigneur des Ténèbres. La Prophétie une nouvelle fois s'accomplit, « pour le plus grand bien », mais pas celui de Harry.

Et c'est le même sort que réserve Dumbledore à Norbert Dragonneau, son premier Élu à qui il confie une mission extrêmement dangereuse qu'il ne peut accomplir lui-même à cause de son Pacte de Sang avec Gellert Grindelwald.

L'inlassable retour du mal destructeur menaçant le monde magique est représenté par les Horcruxes de Voldemort. Ces derniers ont le pouvoir de le faire revenir d'entre les morts pour assouvir les termes de la Prophétie, et c'est à Harry qu'il incombe en miroir d'assurer la protection de son mentor en permettant leur destruction. Ce n'est qu'au prix de ses sacrifices personnels qu'il parvient, en déjouant la mort elle-même, à ouvrir les portes de l'immortalité à son illustre mentor.

LES SEPT MORTS DE VOLDEMORT : LA QUÊTE DES HORCRUXES

Mais avant de décrire comment la relation entre Harry et Albus devient symbiotique au point que l'identité de notre héros en vienne à se dissoudre dans celle de son mentor, il y a d'abord une guerre contre Voldemort à mener… et à gagner ! Cette guerre que mène sans relâche Harry à son ennemi mortel passe par la destruction de tous les Horcruxes afin d'empêcher l'éternel retour de ce personnage maléfique. Il est important de signaler que la constitution d'un Horcruxe nécessite un sacrifice humain afin de permettre à son processus de se réaliser.

Véritable fil rouge de la saga, les Horcruxes sont des objets ayant comme particularité d'enfermer un fragment d'âme sous l'action de la magie noire. C'est après les révélations du professeur Horace Slughorn que Tom Jedusor apprend leur existence et, sans doute aussi, la manière de les réaliser. Cette faculté de pouvoir fractionner son âme est censée lui apporter l'immortalité, puisqu'il devient susceptible de renaître à lui-même.

Le premier Horcruxe que réalise Tom Jedusor est son journal intime qui abrite l'une de ses versions à l'âge de 16 ans. Le meurtre de Mimi Geignarde amorce sa création en 1943 lors de l'épisode de la Chambre des secrets. C'est Harry qui le détruit en 1993 grâce au venin du serpent Basilic.

Le deuxième Horcruxe est la Bague de Gaunt dérobée par Tom Jedusor Jr. à Morfin Gaunt en 1943. Sa constitution nécessite le meurtre de son père Tom Jedusor Sr., et sa destruction se réalise à l'été 1996 grâce à l'Épée de Gryffondor imprégnée du venin de Basilic. C'est Albus Dumbledore qui, en détruisant la bague, se trouve irrémédiablement contaminé et condamné à devoir mourir un an après.

Le troisième Horcruxe est le Médaillon de Serpentard qui appartenait à Merope Gaunt, la mère de Tom Jedusor. Ce dernier le retrouve en 1945 chez Barjow et Beurk, et nécessite le meurtre d'un vagabond moldu. Il est finalement détruit en 1997 par Ron à l'aide de l'Épée de Gryffondor.

Le quatrième Horcruxe est la Coupe de Poufsouffle découverte en même temps que le Médaillon de Serpentard. Il nécessite pour sa création le meurtre de sa propriétaire, Hepzibah Smith ; il est détruit par Hermione grâce au crochet du Basilic en 1998.

Le cinquième Horcruxe est le diadème de Rowena Serdaigle. Il doit être créé vers 1946 et nécessite le meurtre d'un paysan albanais. Il est à son tour détruit en 1998 dans la Salle sur Demande, lorsque Vincent Crabbe lance un sortilège de *Feudeymon* qui le tue en même temps.

Le sixième Horcruxe est le serpent femelle Nagini. Il le réalise par le meurtre de Bertha Jorkins à l'été 1994. Nagini est vaincue lors de la Bataille de Poudlard en 1998 par Neville Londubat grâce à l'Épée de Gryffondor.

Le septième Horcruxe est Harry Potter lui-même, auquel Voldemort donne naissance à son insu quand il tue les parents de l'enfant mais que son sort rebondit sur le bébé Harry. Il est finalement détruit en 1998 dans la Forêt Interdite sous l'action d'un sortilège de la Mort prononcé par Voldemort.

La création de ces sept Horcruxes peut s'envisager comme une mise en scène, celle répétitive du traumatisme originel de Tom Jedusor. En effet, ce dernier perd sa mère lorsqu'elle le met au monde, ce qui revient au fait qu'elle ait donné sa vie pour lui permettre d'exister. Or, ce principe d'échange se retrouve justement dans la constitution des Horcruxes, un sacrifice humain s'opérant pour obtenir une (re)naissance. Là encore, on retrouve un dérivé de la Prophétie selon laquelle l'un ne peut vivre si l'autre survit. Sept morts pour sept vies comme autant d'années scolaires à Poudlard : voilà qui pourrait établir le lien entre le traumatisme originel de Tom Jedusor, la constitution de ses Horcruxes et sa scolarité à Poudlard sous l'enseignement d'Albus Dumbledore.

Par extension, j'en déduis que Tom Jedusor a subi sept morts pour justifier la constitution de ses sept Horcruxes, et que ses morts pourraient correspondre aux traumatismes abandonniques successifs et répétitifs qu'il a subis dans sa vie. Le premier traumatisme abandonnique que je repère est celui de la mort de sa mère en couches ; le second, celui de la disparition dans son enfance de son père biologique qui ne l'a jamais reconnu. Le troisième abandon se situe lorsqu'il assassine son père et ses grands-parents à l'âge de 16 ans, et se coupe ainsi définitivement de sa lignée familiale. Le quatrième abandon se déroule lorsque son mentor Albus refuse, à ses 18 ans, qu'il devienne professeur de défense contre les forces du Mal, et qu'il lui réitère ce refus dix ans plus tard une fois devenu directeur. Le cinquième et le sixième abandons sont représentés par la reviviscence de ses traumatismes abandonniques parentaux, lorsqu'il assassine (accidentellement ?) Lily Potter à son domicile, et plus tard son mentor Albus par l'intermédiaire de Severus Rogue, aux 16 ans de Harry.

D'ALBUS DUMBLEDORE À VOLDEMORT

Tom Jedusor incarne ainsi l'Élu condamné à revivre toute une vie l'accouchement traumatique de ses origines, ce qui se rejoue justement au travers de ses Horcruxes, chacun racontant la venue au monde de cet enfant maudit. Car si l'enfant vit, alors le(s) parent(s) doi(ven)t mourir, ce qui fait de lui une menace à part entière pour d'éventuels parents de substitution. Cette prédiction renvoie à celle de la Prophétie, et donc par extension, à celui l'ayant entendue de Sibylle Trelawney, son mentor Albus Dumbledore.

Le lien entre Albus Dumbledore et Tom Jedusor s'établit donc par cette relation père/fils impossible. En devenant l'Élu, Tom incarne la menace pour Albus que la Prophétie s'accomplisse à son détriment et que l'enfant tue le parent qu'il représente pour lui. Cela explique qu'il cherche à le tenir à distance par son refus de le faire travailler auprès de lui à Poudlard, ce que le jeune orphelin va vivre de manière particulièrement douloureuse.

Sans doute faut-il voir dans la diabolisation de Tom par Albus l'expression de sa propre culpabilité, lui qui s'est rendu coupable d'avoir abandonné sa propre famille pour la quête du succès et la recherche du pouvoir, ainsi que d'avoir mis ses proches en danger et été impliqué dans la mort d'Ariana, tout ceci en faisant porter la culpabilité de cette disparition à son enfant (les Élus qu'il choisit comme Tom et Harry sont responsables de la mort de leur mère). Tom aurait ainsi pour Albus une fonction cathartique, celle d'emporter avec lui son mal coupable pour l'incarner. Grâce à ce principe, Albus peut vivre dans le déni de ses fautes et péchés, puisqu'un bouc émissaire porte pour lui ce mal auquel il est sacrifié, à sa place.

Selon cette hypothèse, les Horcruxes de Voldemort ont donc beaucoup à voir avec l'histoire traumatique irrésolue d'Albus Dumbledore. Leur chasse devient dès lors la possibilité d'apporter résolution à une boucle temporelle que l'on tente de refermer.

LES SEPT VIES DE HARRY POTTER

Comme Abelforth Dumbledore ou Rubeus Hagrid, benêts gentils et attachants, Harry est en réalité moins un sauveur qu'un bouc émissaire. Comme eux également, il porte les projections irrésolues d'un Albus Dumbledore coupable d'avoir cherché la renommée au détriment de sa famille (Antioche Peverell), de s'être transformé en meurtrier pour cela (Cadmus Peverell) et de ne jamais avoir rendu de compte pour ses actions (Ignotus Peverell).

Tout au long de chaque année scolaire, c'est par l'apprentissage de la double peine, à travers un vécu d'injustice perpétuel, que Harry affine sa communauté de destin avec Albus Dumbledore : on l'accuse d'un crime qu'il n'a pas commis (le Basilic), on lui reproche de rechercher la célébrité alors qu'il n'en veut pas (Rita Skeeter, Ron), il se sent coupable d'apporter le mal dans la famille Weasley qui le recueille (Ginny sous emprise, Arthur attaqué par Nagini, Georges qui perd son oreille, mort de Fred) ou d'être responsable de la soixantaine de morts chez les sorciers durant sa scolarité. Elle finit par se confirmer définitivement lorsque Harry et Albus entrent tous les deux en dissidence contre le ministère de la Magie, via l'Ordre du Phénix pour Albus et l'Armée de Dumbledore pour Harry.

Mais l'homologie ne s'arrête pas là entre les deux personnages. Car comme Albus revient d'entre les morts dans la Caverne des Inferi, après avoir réalisé une expérience de mort imminente, Harry multiplie lui aussi ce type d'expériences tout au long de sa trajectoire d'Élu. J'identifie dans la saga différents épisodes de pertes de connaissance suggérant que les traumatismes de son personnage participent chaque fois à sa mort symbolique, c'est-à-dire à son basculement dans d'autres niveaux de réalité psychique, sous la forme de cycles de mort et renaissance. Pour être précis, j'en dénombre neuf dans la série des livres et sept dans la série cinématographique, que j'utilise ici comme modèle.

La première mort symbolique de Harry se produit à l'âge de 11 ans, et fait référence à la première rencontre de Harry avec Voldemort lorsqu'il le traverse à l'état de fantôme[78]. Sa deuxième mort, toujours symbolique, survient après avoir vaincu le Basilic[79]. Sa troisième mort se situe dans le Poudlard Express, où il perd connaissance pour la première fois face à un Détraqueur avant d'être réveillé par Hermione[80]. Sa quatrième mort se produit un peu plus tard lors d'une partie de Quidditch où il aperçoit dans le ciel le Sinistros, chute en présence des Détraqueurs et se réveille entouré par ses amis dans l'infirmerie[81]. Une cinquième mort se produit sur les bords du lac face aux Détraqueurs, en présence de Sirius Black, avant de se réveiller à nouveau à l'infirmerie[82]. Une sixième mort a lieu sous les traits d'Alastor Maugrey, alias Fol Œil, lors de la Bataille des Sept Potter[83]. Quant à la septième mort, elle le frappe lors de la Bataille de Poudlard[84], durant laquelle Harry est mis à mort par Voldemort et renaît en présence d'Albus Dumbledore à la gare de King's Cross, concluant ainsi le cycle de ses sept morts et renaissances.

Sept morts pour sept vies, c'est ainsi que la métamorphose de Harry s'accomplit.

---

78 - *Harry Potter à l'école des sorciers*

79 - *Harry Potter et la Chambre des secrets*

80 - *Harry Potter et le Prisonnier d'Azkaban*

81 - *Ibid.*

82 - *Ibid.*

83 - *Harry Potter et les Reliques de la Mort*

84 - *Ibid.*

VIE, MORT ET RÉSURRECTION DES PERSONNAGES

De manière plus générale, le chiffre sept est l'une des clés de voûte de la série lorsqu'il associe les années d'études à Poudlard à un cycle de vie, de mort et donc de résurrection. C'est en effet au bout d'une scolarité identifiée à sept cercles infernaux que la transformation de l'enfant en adulte se produit, qu'elle soit maudite ou résolutive. Dans la culture judéo-chrétienne à laquelle l'autrice puise[85], le chiffre sept représente la création divine de l'univers par le Dieu créateur, puisqu'il lui faut au total sept jours pour accomplir son œuvre. Ou plutôt, et en inversant la proposition, il lui faut les sept jours de la semaine pour *réellement* devenir Dieu au regard de la création qu'il vient d'accomplir. Sept jours comme les sept années contenant l'espace-temps de la disparition coupable du père et de la mère d'Albus Dumbledore, soit sept années scolaires l'ayant fait (re)naître sous la forme nouvelle et invincible d'un Dieu créateur, désormais capable de déjouer la mort. C'est ce que sous-entend le symbole du phénix, qui lui est apparenté par son oiseau Fumseck et la forme de son Patronus.

Sa faculté de déjouer la mort l'identifie à Ignotus Peverell dans *Le Conte des trois frères* grâce à la Cape d'Invisibilité qu'il transmet à Harry lorsqu'il fait de lui son héritier. Mais, en se projetant dans la vie de ses autres Élus, Gellert Grindelwald et Tom Jedusor, respectivement titulaires de la Baguette de Sureau et de la Pierre de Résurrection, il se trouve en réalité le seul et unique titulaire des Reliques de la Mort, qui le rendent invincibles. C'est ce tour de force qu'il finit par dévoiler lors de la mise en scène de la Bataille de la Tour d'Astronomie. Posséder les Reliques de la Mort pour son propre usage, c'est sacrifier

85 - J'ai déjà précisé, dans le premier chapitre, quelques références bibliques de la saga.

les autres « pour leur plus grand bien » en décidant ce qui est bon ou non pour eux, c'est relancer un nouveau cycle de vie en modifiant le traumatisme fondamental pour le remplacer par un nouveau récit de l'origine. En substance, c'est donc se réinventer ailleurs sous une nouvelle identité, s'engendrer psychiquement pour se recréer une vie différente. Voilà en quoi consiste le véritable pouvoir de notre redoutable personnage, Albus Dumbledore.

Par ailleurs, j'ai défini auparavant un monde magique et un château de Poudlard figurant les traumatismes de notre protagoniste, de telle manière que chaque sorcier se trouve concerné, à différents degrés, par le trouble passé de son créateur. Harry, lorsqu'il entre à Poudlard et dans le monde magique, se trouve donc à son tour projeté dans cette temporalité de sept années représentant le vécu traumatique d'Albus Dumbledore. L'évolution psychique du directeur de l'école se faisant peu à peu vers une culpabilité extrême, elle finit par emporter avec elle la raison de Harry. Cet engrenage paranoïaque débouche sur la deuxième guerre des sorciers, la destruction de l'école, la mort de Harry avant sa résurrection, une septième et dernière fois…

Mais le chiffre sept, que l'autrice associe à un cycle de destruction (Bataille de Poudlard, parricide indirect et probable sororicide) et de création par engendrement (Gellert Grindelwald/Tom Jedusor/Harry) est aussi décliné de nombreuses fois dans d'autres références de la saga. Je le retrouve notamment au cœur de la Bataille des Sept Potter ou de la famille Weasley avec ses sept enfants, semblant indiquer que ces épisodes participent à la métamorphose de Harry en adulte, lui qui se marie finalement avec Ginny Weasley. Mais je le retrouve également de manière plus inattendue dans l'histoire de deux professeurs de Poudlard, Minerva McGonagall et Rubeus Hagrid. Commençons par Minerva.

Un épisode cocasse de la saga représente la famille Weasley partant en vacances en Égypte. Or, le chat était un objet de culte dans la religion polythéiste égyptienne, sans doute associé à des représentations de réincarnation, puisque des chats momifiés ont été trouvés dans des tombeaux. Selon ces rites, mais aussi selon les versions de l'histoire, les chats sont porteurs de sept ou neuf vies[86]. La transformation de Minerva McGonagall en chat semble donc indiquer les résurrections successives de son personnage, sa régénération lors de sept vies distinctes se plaçant en miroir de celles de son directeur Albus Dumbledore – sept vies de Fumseck comme autant d'années scolaires obéissant chacune à un cycle de destruction/création –, et de celles de Voldemort possédant les sept Horcruxes ou d'Abelforth Dumbledore/Rubeus Hagrid par l'intermédiaire des sept créatures fantastiques dont ce dernier s'occupe tout au long de la saga. Faisons le compte.

Il y a tout d'abord son chien Crockdur qui l'assiste dans sa tâche de surveillance de Poudlard et de la Forêt interdite ; Touffu, son chien à trois têtes qui garde l'accès à la pierre philosophale ; Buck l'Hippogriffe, croisement entre un cheval et un aigle, menacé d'être exécuté avant d'être finalement sauvé ; son dragon Norbert qu'il élève sous son lit et qui doit son patronyme au personnage de Norbert Dragonneau ; l'Acromentule Aragog, araignée géante accusée à tort d'avoir ouvert la Chambre des secrets. Il y a également le troupeau de Sombrals, chevaux ailés, dont il estime être le seul à savoir les dresser, puis le Centaure Firenze auquel il semble être identifié par leur vécu de rejet commun.

Voici les places occupées par ces créatures dans le psychisme du frère d'Albus telles que je l'imagine : Aragog l'Acromentule mâle représente l'étouffement que lui fait subir Albus, les chiens Crockdur et Touffu symbolisent sa fidélité en veillant sur Poudlard et ses secrets, Buck l'Hippogriffe incarne son sens moral du sacrifice pour maintenir les équilibres familiaux, le Sombral figure le rapport à la

---

86 - Que ce soit sept ou neuf, l'idée d'un recommencement par engendrement ou par natalité se recoupe ici.

mort qu'il partage avec son frère[87], le Centaure Firenze représente son lien à l'injustice et au rejet, puisque ce dernier est exclu tout comme lui par sa communauté familiale. Enfin, on peut associer le dragon Norbert à l'instabilité de l'Obscurial Croyance, qui décharge sa colère de feu destructrice en passant à l'acte.

Là encore, la référence au chiffre sept indique les transformations subites par le frère d'Albus à la suite de la succession tragique d'évènements survenus à l'adolescence. Et comment son implication dans les évènements familiaux participe à entraver son propre développement personnel, lui qui est décrit comme immature, solitaire et persécuté.

L'homologie du chiffre sept entre le personnage central d'Albus Dumbledore et celui de Harry Potter et ses sept vies, de Voldemort et ses sept Horcruxes, d'Abelforth Dumbledore/Rubeus Hagrid et ses sept créatures fantastiques, enfin de Minerva McGonagall/Ariana Dumbledore[88] et ses sept vies de chat renvoie à leur inscription dans le même cycle d'une adolescence meurtrie. Celle-ci est bornée par les traumatismes d'Albus de la disparition de son père à ses 10 ans et de la disparition de sa mère à ses 17 ans, produisant dédoublement et réminiscence inattendus à d'autres étages générationnels. La Prophétie du professeur Sibylle Trelawney, « aucun d'eux ne peut vivre tant que l'autre survit », prend une nouvelle dimension, se référant non seulement à la dualité interne d'un même personnage (Dumbledore/Grindelwald, Dumbledore/Voldemort, Dumbledore/Harry Potter), mais désormais aussi à la mise au monde d'un enfant maudit et au lien meurtrier entre un frère et une sœur.

---

87 - Les Sombrals ne peuvent être détectés que par des personnes ayant été directement exposées à la mort ou ayant fait des expériences de mort imminente.

88 - C'est la première fois que j'utilise cette homologie entre les deux personnages, mais il est néanmoins important de noter qu'Ariana est agressée à ses 6 ans et meurt quasiment sept années après, ce qui renvoie là encore au cycle des sept années maudites que se partagent les protagonistes de la famille Dumbledore.

DISSOCIATION ET RÉMINISCENCES

Quatre personnages centraux mystérieusement reliés par le chiffre sept et capables de traverser les âges, et notre héros Harry qui suit ce même parcours initiatique au travers de ses renaissances successives. Mais d'où provient au fond cette faculté des protagonistes à tromper la mort ? Et que signifie-t-elle vraiment au regard de l'histoire traumatique d'Albus Dumbledore ?

J'ai déjà postulé que notre directeur, au terme de sept années traumatisantes, se confronte à sa métamorphose personnelle en mage noir. Représentée par sa rencontre avec Gellert Grindelwald, sa personnalité devenue plus sombre le rend coupable de graves négligences, puis du probable meurtre de sa sœur Ariana. Le schéma initial est donc celui d'un frère (Albus) et d'une sœur (Ariana) dont le lien et la confiance sont brisés sous la férule d'un mage noir (Gellert) combattu par un frère cadet (Abelforth) cherchant à protéger sa famille.

Or, je retrouve ce schéma plusieurs fois dans la saga, identifiant le fait que ce traumatisme justifie des réminiscences à travers le temps pour le conjurer.

La première homologie se situe à l'étage de Norbert Dragonneau. Sous l'influence du mage noir Gellert Grindelwald, le frère aîné Thésée Dragonneau (Albus) voit sa fiancée Leta Lestrange mourir à sa place (Ariana) alors qu'elle entretient une relation très proche avec Norbert depuis sa jeunesse (Abelforth).

La seconde homologie se situe à l'étage de Tom Jedusor. Le futur Voldemort (Albus) tue Myrtle Elizabeth Warren, alias Mimi Geignarde (Ariana), en accusant Rubeus Hagrid d'avoir ouvert la Chambre des secrets (Abelforth).

La cinquième homologie se retrouve à l'étage de Sirius Black. Opposé aux idéaux de sa famille de Sang-Pur, Sirius (Albus) est obligé d'affronter Bellatrix Lestrange (Ariana) dans un combat intrafamilial qui déchire son frère Regulus (Abelforth), un Mangemort repenti.

La sixième homologie se retrouve à l'étage de Harry Potter. Sous l'influence de Voldemort (le médaillon de Serpentard), Harry (Albus) devient exigeant et hostile à l'égard de Hermione (Ariana) dans la forêt de Dean, sous le regard réprobateur de Ron (Abelforth) qui les abandonne avant de revenir les sauver.

Ainsi, voilà comment Albus réorganise, directement ou non, son propre monde personnel autour de ses traumatismes, non seulement à travers l'organisation du monde magique, mais aussi en faisant rejouer à différents protagonistes ses problématiques intimes. Je pense que l'on tient là une explication plausible concernant les sept vies de chat de Minerva McGonagall et de Rubeus Hagrid au travers de ses créatures magiques : tous deux possèdent le pouvoir de faire renaître la fratrie Dumbledore sous une forme protectrice et pacifiée. Il permettent d'évacuer les traumatismes mémoriaux d'Albus, ce qui implique qu'ils accordent leurs personnalités aux besoins de leur mentor et font revivre inlassablement ces personnages du passé à travers leur existence. C'est ainsi que pour permettre cet accordage dans le temps et réparer les événements du passé, Minerva parcourt des cycles de renaissance (elle fait vivre/revenir la sœur décédée) tandis que Rubeus empêche la métamorphose monstrueuse d'Albus Dumbledore en Gellert Grindelwald (il dresse des créatures magiques qui sont, par définition, instables).

LE PARASITAGE

À ce stade de ma présentation, il est temps de montrer comment Albus Dumbledore accède à l'immortalité, au-delà des artefacts du monde magique et d'une distribution de rôles dans ses dispositifs traumatiques.

Mais avant cela, il faut comprendre que, s'il a la mainmise sur l'univers des sorciers, il l'a également sur celui des Moldus. Et plus encore sur les personnes fragiles de moindre importance que l'on doit protéger – les Cracmols, les Obscurials, les Sang-de-Bourbe, les enfants –, ou plutôt surprotéger, comprenez des personnes auxquelles on retire le libre arbitre pour exercer sur elles un pouvoir total.

Ce modèle d'emprise imposé par Albus dans ses relations aux autres lui provient de ses parents, de son père Perceval qui administre l'*Imperium* au niveau familial (je le déduis par analogie à l'histoire de Barty Croupton Sr.), de sa mère Kendra qui retire toute vie sociale à sa fille en raison de ses troubles de santé pourtant jamais médicalement expertisés. Or, de l'emprise à la destruction, il n'y a qu'un pas, ce dernier étant franchi par Gellert Grindelwald qui montre ses talents pour la magie noire à l'âge de 16 ans (il est renvoyé de l'école de Durmstrang pour cela), par Tom Jedusor qui assassine son père et ses grands-parents paternels coupables à ses yeux de ne pas être des sorciers, mais aussi par Perceval Dumbledore. Ce dernier attaque en effet trois Moldus en raison de l'agression dont ils se sont rendus coupables aux 6 ans d'Ariana, exerçant donc un pouvoir de vie et de mort qu'il transmet à son fils. Albus, sorcier puissant, l'utilise à son tour sur son frère et sa sœur, qui lui sont bien inférieurs en magie.

Il existe pourtant un paradoxe puisque Albus se targue de ne justement pas discriminer les personnes en fonction de leurs talents magiques. Il accueille même à Poudlard le Cracmol Argus Rusard, qu'il nomme responsable de la discipline des élèves. Oui, mais à quel prix ? En le livrant aux éternelles moqueries des jeunes sorciers, dotés de pouvoirs qu'il n'aura jamais. Il en est de même pour Hermione Granger, traitée par Drago Malefoy de « Sang-de-Bourbe », et régulièrement malmenée, voire menacée par des élèves de la maison Serpentard en raison de ses origines[89]. Et puis nous avons vu aussi de quelle manière Albus a régulièrement besoin de boucs émissaires pour porter la charge de ses culpabilités. Alors, quelle meilleure cible que les personnes les plus fragiles, tels les nés-Moldus (Tom Jedusor, Hermione Granger), les orphelins (Harry), les Moldus, et plus généralement les enfants (ses élèves) pour lui venir en aide par des sacrifices volontaires ou imposés ? D'ailleurs, n'est-ce pas à cause de ces mêmes Moldus que les faits dramatiques commencent à s'enchaîner dans la famille Dumbledore ? Dès lors, il s'agit de comprendre qu'Albus perpétue en réalité la haine de son père en sacrifiant à son tour ses Élus, mais dans une dimension strictement opposée à la sienne, à savoir « pour leur plus grand bien ». Une telle caractéristique semble partagée avec Harry qui voue une haine explicite à l'égard de la famille Dursley. Bien qu'il ne déteste pas les Moldus en général, Vernon, Pétunia et Dudley lui ont mené la vie dure et sont, pour ainsi dire, les seuls Moldus dont Harry ait été proche avant d'entrer à Poudlard.

C'est donc une opération de parasitage général à laquelle se livre Albus durant toutes ces années sur ses Élus – Tom et Harry en font partie –, mais aussi sur l'ensemble du personnel de Poudlard, nous y reviendrons. En initiant en particulier Harry à son enseignement

---

89 - Le terme « Sang-de-Bourbe » est une insulte utilisée pour désigner les sorciers nés de parents Moldus. Bien que ce terme soit méprisant et discriminatoire, il ne définit en rien les capacités magiques de la personne.

par la double peine, en lui permettant de multiplier les expériences de mort imminente pour l'endurcir, et en réalisant des dispositifs spectaculaires de sacrifice (Bataille de la Tour d'Astronomie), il parvient ainsi à l'amener précisément là où il voulait qu'il soit : en miroir de sa propre image.

Il est à noter que cette notion de parasitage par la culpabilité du vénérable Albus Dumbledore se retrouve dans l'étymologie même du mot désignant l'école : pou-de-lard. En anglais, elle se nomme « Hogwarts », qui signifie littéralement « verrues-de-cochon », et que l'ingénieux Jean-François Ménard traduit par « Poudlard ». Dans les deux termes, on retrouve l'idée d'une contamination par un virus (verrues) ou par un parasite (pou). Verrues comme poux vivent aux dépens de leur hôte, le vampirisent pour s'épanouir. Cette installation bénigne évoluant vers la destruction correspond bien à l'enseignement de notre directeur avec ses élèves, si l'on considère notamment que chaque année scolaire comporte un cycle de vie/mort/renaissance. Par prolongement, Poudlard devient ainsi le lieu où l'on apprend à neutraliser les angoisses et les souffrances de celui qui les a engendrées. Au risque de ne pas y survivre si l'on n'y parvient pas.

Le cas du professeur Quirrell, déjà abordé dans l'épisode de la pierre philosophale, illustre bien cette dualité. Porteur d'un handicap invalidant (bégaiement), il trouve refuge à Poudlard au début de l'année scolaire avant de se faire inexorablement dévorer par le mal qu'il est censé combattre. Et c'est également le cas de Harry, cet enfant innocent qui parle tout au long de la saga la langue des serpents, que lui a transmise un parasite qu'il abrite en lui depuis son plus jeune âge. Au terme de ses sept résurrections, voilà que ce mal finit par détruire son identité. Nous sommes alors en pleine Bataille de Poudlard, à King's Cross, lorsque Harry rencontre Albus une dernière fois dans une sorte de paradis blanc étrangement inquiétant.

LA GARE DE KING'S CROSS

King's Cross. Lieu d'embarquement du Poudlard Express vers le monde magique. Dans cette gare, qui représente le carrefour entre les deux univers, Harry s'élève en sainteté lorsque, répliquant le sacrifice réalisé par ses parents, il décide, dans le dernier tome de la saga *Harry Potter et les Reliques de la Mort*, de combattre son pire ennemi dans la Forêt interdite sans sa baguette magique. Par sa mort sacrificielle inéluctable, il poursuit plusieurs buts : détruire la part du Seigneur des Ténèbres qu'il abrite en lui et rendre mortel son ennemi (tous les Horcruxes auront été détruits), mais aussi protéger ses amis en produisant sur eux une protection puissante par le lien d'amour qui les unit (les sortilèges de Voldemort seront moins efficaces contre eux)[90].

Sur le modèle de l'amour protecteur de ses parents, le sortilège de la Mort lancé par Voldemort lui fait perdre connaissance mais échoue à le tuer, avant qu'il ne se retrouve dans un espace mystérieux, immaculé, sans repère temporel : une version vide et lumineuse de la gare de King's Cross. Il y rencontre son mentor, Albus Dumbledore, vêtu d'une simple robe, pourtant mort à la fin du sixième livre alors qu'il semble ici paisible et en pleine forme. Il explique à Harry qu'une

---

90 - En se sacrifiant par son refus de s'écarter devant Voldemort lorsqu'il lui donne la possibilité de sauver sa propre vie contre celle de Harry, Lily Potter crée une puissante protection magique autour de son fils fondée sur l'amour. Cette magie ancienne et puissante est activée par l'acte de sacrifice désintéressé. La conséquence est que, lorsque Voldemort lance le sortilège de la mort sur Harry, ce charme de protection fait rebondir le sort sur lui, ce qui détruit son corps et sauve Harry, lui laissant une cicatrice en forme d'éclair sur le front. Le charme continue de protéger notre héros tant qu'il vit avec un parent de sang de Lily, ce qui est le cas lorsqu'il est placé chez les Dursley. C'est pour cela qu'Albus Dumbledore renforce la protection de Harry en l'envoyant chaque été chez les Dursley, s'assurant ainsi que le charme reste actif jusqu'à ce que le jeune héros atteigne ses 17 ans, âge de la majorité dans le monde des sorciers.

partie de l'âme de Voldemort, le fragment qui s'était attaché à lui quand il était bébé, vient d'être détruit par le sortilège, et que Harry a survécu car Voldemort porte en lui la protection magique de Lily Potter, ayant utilisé le sang du jeune sorcier pour revenir à la vie au cimetière de Little Hangleton. Il confirme à Harry qu'il est à présent quasi invincible face à son ennemi. C'est donc à lui de désormais choisir s'il reste dans l'au-delà, ce qui symboliserait sa mort définitive, ou s'il retourne dans le monde des vivants pour continuer à combattre le Mal. Harry se décide alors en son âme et conscience, et choisit de revenir d'entre les morts. Et il finit par vaincre son ennemi.

Je me suis longtemps interrogé sur le sens final de la saga, et notamment sur le fait qu'il s'agisse bien d'une authentique victoire pour nos personnages et non d'une victoire à la Pyrrhus[91]. Si la pièce de théâtre *Harry Potter et l'Enfant maudit* (2016), écrite par l'écrivaine près de dix ans après la fin de sa série, livre des clés complémentaires sur le devenir de Harry – je l'analyse un peu plus loin dans le chapitre –, force est de constater que le choix de King's Cross que propose Albus à son Élu est une nouvelle fois soumis à questionnement.

Une première implantation de Voldemort se fait en Harry dès sa naissance, ce dont témoigne sa cicatrice résiduelle. Cette dernière brûle son front pour la première fois au vivarium, juste avant qu'il n'intègre Poudlard, puis tout le long de sa scolarité, avec des récurrences de plus en plus puissantes, avant de le laisser tranquille une fois la victoire acquise. Cette brèche ouverte dans son psychisme, et lui faisant parler la langue d'un parasite prenant par intervalles son contrôle, relie finalement son existence au secret de sa propre origine lorsqu'il découvre les souvenirs de Severus Rogue dans la Pensine. Une partie de l'âme du sorcier maléfique réside en lui depuis qu'il a tenté de le tuer étant bébé, ce qui fait de lui un Horcruxe involontaire.

---

91 - Une victoire obtenue au prix de pertes si lourdes pour le vainqueur qu'elle s'apparente presque à une défaite.

Or, ce récit de l'origine doit une fois encore être remis en question par le fait même que Severus Rogue est présenté comme un agent double servant les intérêts de son (ses) maître(s). Dans ces conditions, en quoi sa parole est-elle fiable ? Et en quoi sommes-nous sûrs que le souvenir vu par Harry dans la Pensine n'a-t-il pas lui aussi été modifié ? En bref, n'avons-nous pas affaire à une nouvelle mise en scène de notre éminent spécialiste Albus Dumbledore ayant parasité un autre de ses élèves, ici Severus Rogue ?

N'oublions pas que la manipulation reste chez lui un maître mot : il accueille les né-Moldus à Poudlard sans vraiment les protéger (Hermione Granger), il commente les aventures dramatiques de Harry comme un simple match de Quidditich, sa parole est totalisante et ses renversements de situation sont perpétuels – on ne doit pas voir ce que l'on voit (la Pensine), on ne doit pas croire ce que l'on croit (le méchant est gentil, le gentil est méchant). Si la finalité de son enseignement en trompe-l'œil était de régner sur et contrôler les autres, cela signifie que, tout comme Voldemort, lui aussi aurait besoin d'intégrer un corps en transit pour achever son immortalité. Dès lors, que faut-il voir vraiment au terme de cette septième résurrection de Harry ? Une libération ou sa définitive condamnation ? Pour ma part, j'opterais pour la seconde option.

Car cette spectaculaire scène de renaissance de Harry pourrait en réalité masquer la perte définitive de son identité personnelle. Devenu invincible face à Voldemort, selon les propres révélations de son mentor, et par-delà Maître de la Mort puisqu'il entre involontairement en possession des Trois Reliques de la Mort juste avant le combat final – Baguette de Sureau, Pierre de Résurrection, Cape d'Invisibilité –, Harry ne se retrouve donc pas au paradis lorsqu'il rencontre son mentor à King's Cross puisqu'il ne peut plus mourir, ce que me confirment les propos ambigus qu'Albus tient à son élève. Lorsque Harry lui demande, dans cette version éthérée de King's Cross, s'il est mort ou vivant, son mentor lui fait alors cette réponse : « Harry, c'est dans ta tête ! »[92]. Comprenez que c'est à lui de décider, selon le principe pédagogique depuis longtemps érigé en dogme, s'il est mort ou pas, si tout cela est bien réel ou ne l'est pas, et quel pourrait être son avenir indépendamment de la mort qui préside pourtant à nos destinées humaines.

Mais si Harry ne meurt pas et ne se retrouve donc pas au paradis, décidant seul de son avenir d'immortel, où peut-il bien se trouver par rapport au fœtus noir gémissant qu'il découvre allongé au sol et qui emprunte les traits de Voldemort ? Si ce dernier semble clairement représenter l'allégorie du Mal, j'ai d'abord conclu qu'il lui avait été retiré de son esprit via sa cicatrice, désormais au repos. Peut-être même était-ce Albus qui, en véritable chirurgien psychique, le lui aurait enlevé, ce qui signifierait alors que nous serions dans un environnement hospitalier. Et que dans ces conditions, Harry aurait été opéré.

Mais en reprenant maintenant les termes équivoques de la réponse d'Albus, « Harry, c'est dans ta tête », je comprends qu'en fait, il lui révèle, sans le vouloir, la vérité de son plan. Car dans cet environnement clinique, voilà ce qu'il s'est produit : le parasite Dumbledore est définitivement implanté dans la tête de Harry avec succès ! C'est donc à une opération d'infestation parasitaire que vient d'être soumis le jeune héros au terme des cycles de ses souffrances et renaissances, comme auparavant l'ont été en leur temps les autres Élus – Gellert, Norbert, Tom, Severus. Selon les termes de ce rituel sacrificiel, Albus s'empare définitivement du psychisme de son Élu, placé depuis sept ans sous emprise. Symboliquement, il lui transfère ses démons, ses culpabilités irrésolues, et attend de Harry, à travers son sacrifice, qu'il parvienne à les surmonter, à se marier, avoir des enfants, à être heureux sans plus jamais se sentir coupable.

---

92 - *Harry Potter et les Reliques de la Mort* (p. 843)

Cette communauté de destin entre les deux personnages qui s'accomplit durant les sept années d'études à Poudlard, Harry conjurant en son nom les angoisses et les doutes de son mentor lors de ses sept vies, aboutit à sa perte d'identité. Ce phénomène s'illustre lorsque, revenant d'entre les morts, il devient truqueur à l'image de son mentor. Feignant d'être décédé, notre héros entame une longue marche funèbre avec les Mangemorts jusqu'à Poudlard, où ils rapatrient son corps pour proclamer leur victoire. Une fois à l'intérieur du château, voilà qu'il reprend vie et le commandement de ses troupes, qu'il mène à la victoire. Cette ruse de guerre se montre donc décisive et traduit précisément l'héritage de son mentor : tromper la mort (Ignotus Peverell), et renverser le récit à son avantage. La métamorphose de Harry en Albus est désormais accomplie.

L'ENFANT MAUDIT

Harry Potter et l'Enfant maudit est une pièce de théâtre parue en 2016 et écrite par Jack Thorne, basée sur une histoire originale de J. K. Rowling, John Tiffany et Jack Thorne. Elle est souvent considérée comme une extension de la série *Harry Potter*, bien qu'elle ne soit pas un roman, et semble correspondre à un temps futur de la saga, en réalité ramené au temps présent, selon le principe d'une supermatrice magique qui linéarise le temps. D'après ce procédé, la langue théâtrale devient une autre langue – presque une langue étrangère ou prophétique – et les évènements concernant les descendants de nos héros les touchent en réalité au premier plan. Ils nous apportent ainsi des éclairages sur leur propre histoire. Voici un résumé de l'intrigue.

L'histoire commence en 2014, dix-neuf ans après la Bataille de Poudlard et la fin de la série principale de *Harry Potter*. Harry est désormais un employé du ministère de la Magie, marié à Ginny Weasley, et ils ont trois enfants : James Sirius, Albus Severus, et Lily Luna. Albus, le fils cadet, est un élève de deuxième année à Poudlard et se sent souvent en décalage avec l'héritage familial.

Il devient ami avec Scorpius Malefoy, fils de Draco Malefoy, et découvre que Harry est en désaccord avec le ministère de la Magie concernant l'utilisation d'un Retourneur de Temps pour changer le passé et sauver Cedric Diggory mort pendant le Tournoi des Trois Sorciers. Nos deux amis décident de tenter leur chance pour modifier le passé, espérant changer le cours des événements et ramener Cedric à la vie.

En essayant de modifier le passé, ils se retrouvent dans une réalité alternative où Voldemort a triomphé et où le monde est en ruines, comprenant que chaque changement entraîne des conséquences imprévues. Ils doivent alors naviguer à travers ces nouvelles réalités tout en cherchant un moyen de restaurer la ligne temporelle originelle.

Ils découvrent finalement que toute leur mission a été manipulée par Delphi, la fille de Voldemort, qui cherche elle aussi à récrire l'histoire, mais en réalité pour ramener son père au pouvoir. Albus et Scorpius, avec l'aide de leurs familles et amis, affrontent Delphi pour stopper ses plans. En fin de compte, ils réussissent à restaurer leur ligne temporelle d'origine et empêchent Delphi de réaliser ses objectifs.

La pièce se clôt sur une note positive, avec Albus et Harry réconciliés, chacun ayant compris à travers leurs épreuves l'importance de la compréhension mutuelle.

Cette conclusion tardive à la saga apporte, comme je l'ai indiqué, son lot de révélations et autres confirmations sur l'ensemble des hypothèses formulées jusqu'ici.

La première, c'est que les jeunes personnages se sentent obligés de porter la responsabilité des actes passés de leurs parents en retournant eux-mêmes dans ce passé pour essayer de le modifier.

La deuxième information apportée par cette œuvre tardive découle de la précédente et concerne le mécanisme largement commenté de la double peine, puisqu'à Poudlard, les victimes sont transformées de manière magique en coupables, ce que vit l'héritier Albus Potter à travers le rejet affectif de son père (il en est la victime) dont il se sent être le responsable (il est coupable de ne pas être un bon fils).

La troisième information concerne la persistance d'un parasite dans le cerveau de Harry, comme je l'ai suggéré lors de l'analyse de la scène de la gare de King's Cross, et ce que confirme la réactivation des douleurs de sa cicatrice. Pour permettre l'immortalité d'Albus Dumbledore, l'Élu doit être maintenu le plus longtemps possible en vie ; c'était donc bien une implantation et non une amputation qu'Albus Dumbledore a infligée à Harry[93].

La quatrième information concerne le vécu abandonnique qu'a effectivement ressenti Harry à propos de son mentor Dumbledore, ce que notre héros lui exprime par tableaux interposés en lui rappelant le fait qu'il a combattu seul trois fois Voldemort[94].

La dernière information concerne l'impact de la Prophétie sur la destinée de la famille Potter puisque, là encore, un innocent doit périr – hier Cedric Diggory, aujourd'hui l'innocent Craig Bowker Jr., jeune sorcier inutilement assassiné par Delphi Jedusor – pour que l'Élu, qu'il apparaisse dans sa version sombre ou lumineuse, puisse vivre et soit consacré en héros[95].

L'histoire s'est donc répétée. La culpabilité du père se transmet au fils selon le même rituel accomplissant la Prophétie, à savoir que l'un ne peut vivre si l'autre survit. Le bouc émissaire Albus

---

93 - Par ailleurs, à travers sa fille cachée, Delphi Jedusor, Voldemort perpétue son règne, raison pour laquelle Harry sent de nouveau sa cicatrice le lancer.

94 - *Harry Potter et l'Enfant maudit* (p. 362)

95 - En ayant été aveuglé par l'amour qu'il porte à Delphi, Albus Potter porte ainsi indirectement la culpabilité des événements tels qu'ils se sont déroulés, en particulier la mort du jeune sorcier innocent, Craig Bowker Jr.

Potter, porteur de la culpabilité d'exister, entame sa transformation en sauveur en devenant héroïque aux yeux du père. Peu importe l'exécution d'un innocent, ce qui est important est leur communauté de destin. Mais en embrassant justement cette destinée, cela revient à porter aussi la culpabilité des disparitions à venir. Dans le cas de celle de Craig Bowker Jr., Albus Potter a été aveuglé par son amour pour Delphi – il aurait dû découvrir sa véritable nature plus tôt et ainsi parvenir à l'arrêter.

En prenant le risque de se métamorphoser lentement en mage noir – il sacrifie les autres « pour le plus grand bien », il est au-dessus des lois humaines, il se fait maître des récits –, voici comment Albus Potter, sur le modèle de son propre père, devient à son tour l'Élu.

2

AU ROYAUME DES RÊVES

Un vénérable personnage (Albus Dumbledore) se transforme en son double maléfique (Gellert Grindelwald) à l'occasion d'une succession d'abandons familiaux, subis ou provoqués, et parasite des Élus issus de ses étudiants – positifs comme Norbert Dragonneau ou Harry Potter, négatifs comme Tom Jedusor – afin qu'ils puissent les réparer à travers le temps.

Dans ce chapitre, j'aimerais m'approcher au plus près de la véritable identité de Harry. Déjà décrit comme un bouc émissaire, il partage les injustices de son mentor dont il combat à sa place le même ennemi avant de développer un irrémédiable vécu de préjudice l'identifiant à un Mangemort. Durant les sept années participant à la métamorphose de l'enfant en adolescent, pris au piège de son syndrome du sauveur – il cherche à mourir pour sauver le monde des sorciers –, Harry est aussi frappé par la perte déchirante de deux créatures/animaux qui l'accompagnent tout au long de ses aventures – sa chouette Hedwige et son ami l'elfe Dobby – et qui apportent de nouveaux renseignements sur le contexte affectif de sa vie.

HEDWIGE, LA CHOUETTE DE HARRY

Hedwige est une chouette harfang des neiges. Elle est reconnaissable à son plumage blanc éclatant et à ses yeux dorés. Harry la reçoit comme cadeau de Hagrid dans *Harry Potter à l'école des sorciers*, lorsque ce dernier l'emmène pour la première fois au Chemin de Traverse et l'achète dans une boutique nommée *Au Royaume du Hibou* pour son onzième anniversaire.

Comme toutes les chouettes dans le monde des sorciers, Hedwige sert principalement à livrer le courrier dans le monde magique, mais transporte aussi des colis aux amis de Harry ou à d'autres personnes. Animal extrêmement intelligent et loyal, elle sait souvent trouver son propriétaire même lorsqu'il est loin de chez lui, ce qui fait d'elle bien plus qu'un animal de compagnie ; elle est une amie fidèle et un compagnon constant, surtout pendant les étés où Harry vit chez les Dursley, loin et isolé des autres sorciers. Elle est alors l'un des rares liens qu'il entretient avec le monde magique pendant ces périodes.

La chouette de Harry est présente dans plusieurs scènes marquantes de la série, comme lorsqu'il envoie des lettres à Sirius Black dans *Harry Potter et le prisonnier d'Azkaban*. La loyauté de l'animal pour son propriétaire paraît inébranlable, bien qu'elle se montre souvent jalouse lorsqu'elle est ignorée, en raison de son attachement et de sa forte connexion émotionnelle avec lui.

Elle meurt au début de *Harry Potter et les Reliques de la Mort*, lorsqu'ils quittent Privet Drive pour emmener notre héros en lieu sûr. C'est pendant la Bataille des Sept Potter qu'elle est tuée par le sort d'un Mangemort alors qu'elle se trouve dans sa cage.

La perte irréparable d'Hedwige est un évènement poignant de la série, touchant au cœur le lecteur qui ressent profondément la douleur de Harry. Sans doute doit-elle être perçue comme un symbole de la perte de son innocence et son passage à un stade plus sombre et dangereux de sa vie, lui qui n'est alors plus protégé par la Trace et est devenu un sorcier majeur. Hedwige représentant l'amitié et la fidélité, sa mort rappelle par sa pureté que l'heure du don de soi est arrivée. L'Élu doit désormais aller au bout de ce pour quoi il a été désigné : son sacrifice.

Mais une autre caractéristique de cet animal me semble tout aussi intéressante à étudier. Faisant le lien avec le monde magique et donc celui de l'enfance, univers où la puissance de la pensée permet à l'enfant de s'évader dans des rêveries dont il est le héros, il est aussi un oiseau de proie qui ne vit que la nuit. Tout comme Harry chez les Dursley, véritable oiseau de nuit. Cette caractéristique particulièrement identifiable dans l'adaptation cinématographique, moins dans la version littéraire, mérite que l'on s'attarde dessus. Mais pour cela, il s'agit de revenir dans la maison des Dursley, au 4, Privet Drive.

PUISSANCE PROTECTRICE DES RÊVES

L'une de mes premières réflexions lorsque j'ai découvert la saga a été de constater à quel point son phénomène s'inscrit dans la grande tradition littéraire anglo-saxonne. Lointain descendant d'Oliver Twist, héros du livre éponyme de Charles Dickens, lui-même jeune orphelin maltraité de l'époque victorienne, Harry est une figure d'enfant martyr.

Son départ vers Poudlard marque une pause enviable dans cette trajectoire infernale, constituant en soi une échappée vers un monde imaginaire représentant une protection, mais dont l'enchantement s'avère malheureusement n'être que temporaire. D'une certaine manière, Harry s'échappe d'une famille maltraitante vers un monde sublimé dont il devient le héros adulé. Une sorte de paradis, peut-être ?

Cet imaginaire puissant impose ici sa référence au christianisme, puisque cette religion professe que les derniers sur la Terre seront les premiers au Ciel. En ce sens, Harry est donc un « vagabond céleste », promis à faire de grandes choses dans les Cieux, mais pas sur Terre, où il reste pauvre et non payé pour ses efforts. C'est donc par le pouvoir de l'imaginaire qu'il échappe à la violence de sa condition matérielle et psychologique, créant momentanément une parenthèse de rêve au sein de sa trajectoire empreinte de maltraitance. Un rêve, le mot est lancé. Mais quelles seraient dès lors les caractéristiques de ce rêve gigantesque qu'il produit, englobant la création entière du monde magique et que l'on pourrait nommer « rêve univers » ? Quelle serait sa finalité ? Et puis aussi, est-ce vraiment bien le sien ?

Car de rêves finalement, il en est beaucoup question dans la saga. Harry l'oiseau de nuit en fait ainsi un nombre considérable, souvent même des années après les faits rêvés, sous la forme de cauchemars, comme cela est décrit dans *Harry Potter et l'Enfant maudit*, où il revit avec terreur son enfance malheureuse auprès des Dursley.

De manière générale, ses rêves jouent souvent un rôle crucial dans l'intrigue, et voici ceux influençant de manière notable le cours des évènements.

Dans *Harry Potter à l'école des sorciers*, peu de temps après avoir rencontré le professeur Quirrell, Harry fait un rêve dans lequel son professeur porte son turban tout en insistant pour qu'il se rende à Serpentard. Dans ce rêve, le turban se resserre autour de sa tête, préfigurant la révélation du rôle de Quirrell dans l'intrigue, mais aussi son propre parasitage par Voldemort depuis son plus jeune âge.

Dans *Harry Potter et la Chambre des secrets*, Harry fait des rêves angoissants liés aux événements troublants à Poudlard, comme les attaques des élèves et la voix mystérieuse qu'il entend. Ces rêves reflètent tout à la fois son anxiété face à la situation, son sentiment d'impuissance, mais aussi la prise de contrôle qui s'opère de son psychisme par le parasite (une voix parle à travers lui).

Dans *Harry Potter et la Coupe de feu*, Harry fait un rêve particulièrement important au début du livre et du film, puisqu'il voit ce qui se passe dans la maison des Jedusor. Dans ce rêve, il assiste au meurtre de Frank Bryce par le puissant mage noir, ce qui montre pour la première fois le lien mental qui existe entre Harry et le mage noir, leur partage de connexion, si j'ose dire. Ce rêve préfigure également les événements à venir dans le cimetière à la fin du livre.

Dans *Harry Potter et l'Ordre du Phénix*, ses rêves deviennent plus fréquents, car Voldemort utilise leur connexion mentale pour influencer Harry. L'une des visions les plus essentielles est celle où Harry voit Arthur Weasley se faire attaquer par Nagini, ce qui permet à l'Ordre du Phénix de le sauver à temps. Mais il rêve aussi souvent d'un long couloir menant au Département des mystères, ce qui se révèle être une vision liée à la salle où se trouve la Prophétie.

Dans *Harry Potter et le Prince de sang-mêlé*, Harry a plusieurs rêves confus, souvent liés à ses préoccupations concernant la mission de Drago Malefoy et à son désir de découvrir les secrets du terrible sorcier. Bien que moins prononcés que dans le tome précédent, ces rêves reflètent son état d'esprit troublé.

Enfin, dans *Harry Potter et les Reliques de la Mort*, Harry continue d'avoir des visions de son ennemi, qui sont en réalité des intrusions dans son esprit, lui montrant des fragments de sa quête pour retrouver la Baguette de Sureau. Ces visions l'aident à suivre les mouvements de son ennemi et à en comprendre les plans.

On le voit, la fonction dévolue aux rêves de Harry est large. Pris initialement dans l'angoisse, ils deviennent tour à tour annonciateurs, partagés, voire prophétiques. Une évolution intéressante à souligner est celle de la connexion qui le lie au meurtrier de ses parents. Car si ce dernier le parasite au début par le biais de ses rêves/visions, c'est bien Harry qui finalement parvient à pénétrer son psychisme pour l'espionner et déjouer ses plans. Colonisé par le Seigneur des Ténèbres, il faut croire que l'élève dépasse le maître lorsqu'il inverse cette tendance en le parasitant à son tour par sa présence. En cela, son apprentissage à Poudlard s'est montré fructueux.

Un autre aspect intéressant à relever est le principe de rêve partagé, puisque Voldemort et Harry font des rêves communs où leurs visions respectives s'entremêlent, de telle manière que l'on ne sache plus vraiment qui en est l'auteur[96]. J'en conclus que si cette expérience de « rêve univers » partagé concerne Harry et son pire ennemi, elle peut tout à fait se reproduire avec son autre pire ennemi, issu du monde des Moldus, j'ai nommé Dudley Dursley.

HARRY L'AVATAR

Il est difficile de cerner la personnalité de Harry, dont l'ancrage social se fait dans la *middle class* étriquée et conformiste anglaise, car ses interactions sociales avec le monde des Moldus sont pauvres et rudimentaires, restant trop souvent limitées à quelques scènes qui témoignent essentiellement d'un manque d'habileté sociale.

Dans l'ensemble de la version cinématographique, je n'ai ainsi identifié qu'une seule scène où Harry participe seul à une interaction avec une jeune Moldue. Nous sommes durant les vacances d'été 1996, dans le film *Harry Potter et le Prince de sang-mêlé*. Harry, qui voyage beaucoup, descend dans un café situé dans une station de métro londonienne où il lit *La Gazette du sorcier*. Il rencontre une jeune

96 - Je pense aussi raisonnablement qu'Albus Dumbledore partage lui aussi ses rêves avec Harry lorsqu'il l'introduit dans ses souvenirs via la Pensine.

serveuse qui le questionne à propos de son journal « bizarre », car elle pense avoir vu les images bouger. Harry s'étonne, lui demande à quelle heure elle finit, mais ses projets sont contrariés par l'arrivée d'un Albus Dumbledore omniscient apparaissant sur le quai. Cette courte séquence se situant dans le métro laisse penser que Harry présente une vie autonome, si je puis dire réelle, en dehors du monde magique ou des Dursley, mais l'apparition subite et anachronique d'Albus dans cet environnement souterrain semble contredire cette hypothèse. Son personnage n'existe donc en réalité qu'en présence d'un représentant du monde magique ou de la famille Dursley, auxquels il se trouve lié de manière ombilicale.

Cette non-existence de Harry, être s'il en est tout aussi imaginaire qu'il est lui-même bercé d'imaginaire, est également confirmée par la version littéraire où la seule interaction autonome que je décèle avec le monde moldu se fait en présence de Dudley, alors qu'ils sont au zoo. Dans une courte scène, Harry saisit et mange une glace que lui tend la vendeuse juste avant la libération du boa brésilien. Là encore, la médiation de la relation se fait en présence de son cousin Dudley qui donne vie à son avatar et en impose l'existence à un entourage terrorisé – amis, parents, famille (tante Marge) – ne pouvant s'opposer à ses lubies.

Sans doute cet aspect fantomatique de Harry au sein du monde moldu tient-il aux conditions mêmes de son arrivée sur terre. C'est en effet en pleine nuit d'Halloween que, âgé à peine d'un an, il survit à l'attaque de Voldemort, puis est déposé dans le foyer des Dursley par nos trois « rois mages ». À cause de cette attaque meurtrière, Harry se retrouve donc orphelin de ses parents et porteur de séquelles physiques représentées par sa cicatrice sur le front. Cette localisation indique qu'il subit un traumatisme crânien associé à une perte de connaissance suite à laquelle il parle une langue imaginaire jamais apprise, le Fourchelang, phénomène pouvant faire directement référence soit à une expérience onirique, soit à une période de coma, soit à une expérience de mort imminente. À ce sujet, des cas d'amnésie globale transitoire, correspondant à une perte de mémoire à long terme associée ou non à un changement d'identité, ont pu être décrits chez des personnes en phase de réveil de traumatisme crânien. Pour certains, l'aphasie résiduelle de ces traumatismes – perte partielle ou complète de la capacité à s'exprimer ou à comprendre le langage écrit ou parlé – pourrait correspondre à des phénomènes de « vie antérieure » étant justement au cœur de l'intrigue de la saga.

Pour revenir au traumatisme crânien de Harry, ce dernier nous est confirmé par les symptômes cliniques qu'il développe dans la série et qui définissent ce que l'on nomme « un syndrome de stress post-traumatique » – reviviscences cauchemardesques, angoisse, terreurs nocturnes, sentiment d'étrangeté, syndrome subjectif du traumatisé crânien en rapport aux brûlures de sa cicatrice. Tous ramènent au fait que son agression par Voldemort lors de la soirée d'Halloween a participé à son profond processus de transformation.

Je pense en ce sens que cette scène d'agression de Harry par Voldemort le 31 octobre 1981 doit être effectivement considérée comme une scène de conception de la nouvelle identité d'un traumatisé crânien. Cela se démontre symboliquement par le fait que notre jeune sorcier est né un 31 juillet, ce qui implique nécessairement qu'il ait été conçu neuf mois auparavant, c'est-à-dire à la date de la soirée d'Halloween de l'année précédente. Or, Harry et son cousin Dudley, né un 23 juin, ont tous les deux pu être conçus *techniquement* à la même date d'Halloween – gestation de neuf mois dans un cas, de huit mois dans l'autre –, ce qui accentuerait leur communauté de destin en faisant d'eux de véritables jumeaux. Si l'on se souvient à présent que le futur n'existe pas dans la supermatrice, que Harry est un être chimérique, et que lui et Dudley sont nés en 1980 et donc conçus en 1979, l'existence d'une date commune liant leur date de conception à celle d'une agression pourrait renvoyer à l'idée que notre héros est le pur produit de la dissociation de l'esprit de son cousin, né un mois plus tôt. Selon cette idée, Dudley ferait face, à la date anniversaire de ses 11 ans, le 23 juin 1991, à la réminiscence traumatique d'un évènement dont il fut, directement ou indirectement, dix ans plus tôt, la victime. C'est sa confrontation à cette nouvelle réalité qui justifie alors son dédoublement en Harry pour lui transmettre symboliquement ce mal dont il est le porteur.

Dès lors, et selon ces nouvelles indications, notre petit sorcier posséderait en réalité trois dates de naissance : une première administrative (31 juillet 1980), une seconde psychique lors de son agression traumatique (31 octobre 1981), une troisième physique lorsqu'il apparaît *réellement* dans le monde de la famille Dursley aux 11 ans de Dudley (23 juin 1991).

Rite païen mettant en scène le pouvoir surnaturel de la mort, la nuit d'Halloween célèbre les défunts lors de la veillée de la Toussaint tout en permettant de conjurer, de manière collective, les angoisses de finitude. Cet exorcisme aboutit, dans le cadre fictionnel des aventures de Harry, à la naissance/apparition de fantômes[97]. Ce mécanisme dissociatif, qui permet de donner naissance à des êtres irréels, est un principe souvent utilisé par l'écrivaine dans le déroulement de la série, comme c'est le cas avec Gellert Grindelwald, ou avec les personnages ayant rapport à la nuit d'Halloween, donc. Harry apparaît dès lors comme un survivant liant son existence aux croyances dictées par un imaginaire empreint de magie et de sorcellerie. Parce que pour voir Harry, il faut d'abord y croire.

À cette poussée collective justifiant sa présence – Harry est une créature issue d'un inframonde auquel on a accès de manière rituelle une fois par an – répond un autre déterminant individuel. Car c'est dans les rêves du petit Dudley que prend réellement corps notre oiseau

97 - Le 31 octobre 1991, un Troll est introduit par le Pr Quirinus Quirrell dans les toilettes de Poudlard et menace Hermione ; le 31 octobre 1992, le trio assiste à l'anniversaire de la mort de Nick Quasi-Sans-Tête, alors que la chatte Miss Teigne d'Argus Rusard est retrouvée pétrifiée par le serpent Basilic ; le 31 octobre 1994, la sélection des trois champions du Tournoi des Trois Sorciers a lieu.

nocturne, ou plutôt dans son rêve univers à partir duquel il crée le monde magique à ses 11 ans. C'est cette expérience qu'il partage avec son avatar Harry dont l'existence, passée et présente, se révèle à lui telle une Annonciation. Selon cette hypothèse, Dudley crée donc un personnage reclus vivant dans le secret et la honte, et auquel il attribue une légende mais aussi un récit de l'origine.

Bien que les films ne montrent pas un Harry vivant exclusivement la nuit, plusieurs scènes soulignent son appartenance au monde nocturne et à celui des rêves lorsqu'il se retrouve isolé chez les Dursley. Si ces scènes ont pour vocation de traduire sa tristesse à ne pas réintégrer le monde magique, elles ont aussi une importance dans le déroulé de ses aventures. Dans *Harry Potter à l'école des sorciers* par exemple, Harry reçoit ses lettres de Poudlard qui s'amassent sous sa porte le plus souvent la nuit. Dans *Harry Potter et la Chambre des secrets*, l'elfe Dobby rend visite à Harry dans sa chambre la nuit. Et dans *Harry Potter et l'Ordre du Phénix*, Harry fait des cauchemars à propos de Voldemort, qui sont souvent montrés lors de scènes nocturnes.

Concernant l'activité onirique de notre rêveur Dudley, en revanche, on n'a que peu d'informations, si ce n'est cet épisode de terreur nocturne lors de sa rencontre avec les Détraqueurs, sur laquelle je reviendrai plus tard.

C'est donc sous l'effet d'une poussée convergente, collective et individuelle, que la naissance de Harry se produit. Ce prérequis selon lequel Dudley le projetterait hors de son esprit, tel un hologramme lors de la nuit fantastique d'Halloween, impliquerait que ce rêve grandeur nature s'observe du point de vue d'un Moldu. C'est à cette position d'observateur que le spectateur/lecteur s'identifie, et cela d'autant plus facilement que Dudley se trouve lui-même absent du monde qu'il a créé. Dès lors, les explorations imaginaires et symboliques que réalise notre jeune sorcier dans le monde magique pourraient traduire les souffrances d'un cousin tyrannique à propos justement desquelles l'on ne retrouve que peu d'éléments.

LES CINQ NIVEAUX DE RÉALITÉ PRÉSENTS DANS LA SAGA *HARRY POTTER*

Pour approfondir cette hypothèse d'un « rêve univers » partagé entre Dudley et Harry, dont il est l'avatar, je dois préciser l'une des règles fondamentales de l'interprétation des rêves que j'applique ici aux images cinématographiques. Dans chaque production onirique, la subjectivité du rêveur se trouve en position centrale. Le rêveur se place ainsi au centre de la fiction à laquelle il donne vie, et même si de nombreux personnages gravitent dans son monde et interagissent avec lui, il reste l'unique moteur de leur action, l'objet final de leur attention.

Cette position démiurgique du rêveur implique sa présence à tous les instants, le hors-champ ne pouvant réellement s'y produire puisque ce monde représente son entière subjectivité et ne tourne donc qu'autour des préoccupations de son seul appareil psychique. Or, c'est justement ce qu'il se passe dans la construction narrative de l'œuvre, qu'elle soit sous sa forme de livre ou cinématographique, à savoir que la présence de Harry y est permanente. Dans toutes les intrigues, il est tour à tour physiquement présent en épiant, surprenant ou observant des scènes qui se déroulent devant lui, ou lorsqu'il n'est pas présent, utilise un artefact qui donne au récit une coloration de souvenirs ou l'impression d'une action en train de s'accomplir, dont il pourrait anticiper les conséquences[98].

Les seules scènes où il n'apparaît pas sont celles présentant les actions de Voldemort. Néanmoins, le problème de son absence lors de ces scènes est levé lorsque l'on se rappelle que tous deux partagent l'expérience de la mort, représentée par sa cicatrice

98 - Pensine, pouvoir de sorcellerie par legilimancie, hallucinations visuelles ou auditives, lecture projetée d'évènements dans le journal, etc.

sur son front, et se trouvent donc jumelés l'un à l'autre. C'est d'ailleurs par l'établissement de leurs liens oniriques que ces deux personnages finissent par s'influencer réciproquement.

En poursuivant l'hypothèse d'une saga structurée sur le modèle d'un rêve où différents niveaux de réalité s'interposent, il s'agit à présent de déterminer lesquels. Le premier niveau correspondrait à l'apparence dite « normale » de la vie que mène Harry chez les Dursley. Le second serait celui l'amenant à évoluer dans le monde magique où il inventerait d'abord l'existence du Seigneur des Ténèbres avant qu'elle ne se matérialise, personnage malfaisant issu de ses propres rêveries[99]. Cette présence/absence de Voldemort le met peu à peu sur la voie de son propre secret de l'origine, ce qui lui permet de découvrir son traumatisme initial, mais aussi les conditions de la rencontre parentale, notamment grâce à l'usage du Miroir du Risèd ou de la Pensine. Cette remontée dans son temps personnel définirait pour Harry un troisième niveau de réalité, qui se complèterait par un quatrième niveau plus global correspondant à l'histoire familiale d'Albus Dumbledore et à la transformation de Tom Jedusor en Voldemort. Si l'on ajoutait à cela les temps immémoriaux de la fondation de Poudlard et de l'histoire de la magie, bien renseignés par l'écrivaine, on obtiendrait dès lors un cinquième niveau de réalité dans lequel les mystères de la saga *Harry Potter* s'entrelaceraient et se perdraient.

99 - Personne d'autre que Harry ne le voit ou le rencontre dans les premiers tomes de la saga, et son nom reste imprononçable à tous en raison du Tabou le protégeant.

LA SCIENCE DES RÊVES

Cette structure en poupées russes d'une intrigue déployée sur cinq niveaux de réalité différents, représentés par les étages générationnels et les dimensions virtuelles auxquelles accèdent les personnages via leurs états dissociatifs, rêves ou autres hallucinations, me renvoie au film d'anticipation *Inception* (2010)[100] ayant déjà traité cette problématique des rêves imbriqués sur différents niveaux[101].

La trame narrative de ce film repose en partie sur le fait que, dans un rêve, on crée et perçoit en simultané le monde dans lequel on évolue. Cela revient finalement à ne découvrir qu'une réalité existant déjà en nous quelque part et dont on éprouve pourtant le sentiment d'originalité. Si l'on applique la pertinence de cette réflexion à *Harry Potter*, la découverte de Voldemort par Harry sous la forme d'hallucinations visuelles ne serait en réalité que la confirmation de son existence préalable en lui, ce qui nous est justement confirmé par la construction de son récit de l'origine *à rebours*[102]. Voldemort donne ainsi corps aux sensations de Harry lorsqu'il entame à Poudlard les étapes de sa propre transformation d'enfant en adulte.

Ce processus, identique à celui ayant permis à Dudley de lui

---

100 - *Inception* (2010) est un film de science-fiction réalisé par Christopher Nolan. L'histoire suit Dom Cobb, un voleur spécialisé dans l'extraction d'informations en pénétrant dans les rêves des autres. Il est engagé pour une mission unique : implanter une idée dans l'esprit d'un magnat des affaires, ce qui s'appelle une « *Inception* ». Pour réussir, Cobb et son équipe plongent dans des rêves imbriqués les uns dans les autres. Le film explore les thèmes du subconscient, de la réalité et du temps, culminant dans une fin ambiguë qui laisse le spectateur questionner ce qui est réel et ce qui ne l'est pas.

101 - Harry ignore tout du destin que lui réserve Albus Dumbledore jusqu'à ce qu'on le lui raconte, qu'il ne l'éprouve et qu'il ne le visualise enfin au travers des souvenirs de Rogue… modifiés ?

102 - Transplanage, Portoloin, Sombrals, moto volante.

donner naissance et à Albus Dumbledore de mettre au monde Gellert Grindelwald, procède par engendrement psychique. Nous rejoignons là une donnée caractéristique de la psyché humaine. Lorsqu'un individu se confronte à des situations traumatiques extrêmes, celui-ci ploie jusqu'à se scinder littéralement en deux parties psychiques prenant leur autonomie, voire en plusieurs entités lors des phénomènes traumatiques répétitifs. Un tel mécanisme de défense, qui protège l'intégrité du sujet en situation de souffrance traumatique, est une constante de cet univers magique, où les personnages sont susceptibles de développer plusieurs vies concomitantes ou successives.

On retrouve là certaines des règles édictées dans le premier chapitre à propos de l'univers *Harry Potter*, que je me permets de revisiter sous l'angle de la science des rêves.

La première règle selon laquelle la mort n'existe pas réellement au sein du monde magique se comprend aisément à ce stade, lorsque l'on admet que mourir dans un rêve ne comporte comme seul risque que de réveiller le dormeur, comme le film *Inception* le suggère. Car si le rêveur reprend le cours de son rêve après l'avoir interrompu, quelle que soit la durée, il a alors la possibilité de retrouver les mêmes personnes dans une dimension temporelle distincte de celle qu'il vient de quitter. Cette particularité explique sans doute aussi que l'on puisse y ressusciter aussi facilement en entamant, pourquoi pas, un nouveau rêve, ce qui valide la seconde règle. La troisième, selon laquelle les lois du genre ne sont pas respectées dans le monde magique, trouve là encore son explication dans l'onirologie, puisqu'au sein des rêves, des hommes peuvent tout aussi bien tomber enceints que des femmes avoir un physique masculin.

La quatrième règle, selon laquelle on peut être libre de ses mouvements malgré un emprisonnement s'explique par le fait que l'on crée en simultané le monde dans lequel on souhaite évoluer : il suffit pour cela de le désirer.

La cinquième règle, indiquant que l'on peut faire coexister plusieurs entités de soi dans un même univers, trouve sa réponse dans la singularité même de l'expérience temporelle au sein des rêves. La concordance des temps n'existe pas dans l'espace onirique, du moins telle qu'on la connaît. Ainsi, une seule seconde peut sembler durer une éternité, alors qu'un long développement imaginaire se déroule en une fraction de seconde. Dans cet environnement, la narration a ceci de particulier qu'elle évolue de manière elliptique, sans linéarité ni souci d'organiser une quelconque forme de hiérarchie entre éléments prépondérants ou secondaires, lointains ou actuels. La temporalité s'y contracte et s'y dilate sans respecter l'écoulement harmonieux de la flèche du temps, et s'y retranscrit de manière topographique, de telle manière que parcourir l'espace géographique au sein du monde magique revient à traverser le temps. Cette diffraction spatio-temporelle, associée à cette non-concordance des temps et de simultanéité des actions, est à l'origine du sentiment d'étrangeté qui nous étreint à notre éveil. La saga mélange des éléments passés et à venir, au sein de sa supermatrice, ce qui aboutit à faire évoluer avatars et personnages de générations différentes dans la même dimension.

La sixième règle, selon laquelle certaines actions préjudiciables restent indétectables dans le monde magique, vient sans doute du fait que le rêve est par essence inviolable puisque du domaine de la plus stricte intimité.

La septième règle, selon laquelle l'on peut avoir plusieurs dates de naissance, comme Harry en possède trois, est corroborée par les rêves prémonitoires, fonctionnant comme autant de prophéties auxquelles personne ne peut se soustraire.

La nature de la véritable identité de Harry, notre oiseau de nuit circulant dans un « rêve univers » qu'il partage indifféremment avec Dudley, Albus et Voldemort, est désormais établie grâce son rapport à sa chouette Hedwige. Il est donc temps de nous intéresser à celui qu'il entretient avec son ami, l'elfe Dobby.

3

AU SERVICE SECRET DE DUDLEY

En livrant une interprétation psychologique de la structure de la saga *Harry Potter*, on comprend qu'elle pourrait bien nous inviter dans les circonvolutions oniriques d'un rêveur principal, Dudley Dursley. Dans ce « rêve univers » qu'il produirait, il dialoguerait avec son double Harry en le faisant partir à la découverte d'un personnage, Albus Dumbledore, dont il parcourt le temps, l'espace et l'histoire.

Cette dissociation de Dudley se confirme selon moi au moins à deux reprises lors des aventures de Harry. La première fois a lieu à Poudlard, lorsque le Polynectar préparé par Hermione lui permet de prendre l'aspect physique de Vincent Crabbe, ayant la particularité de partager la même morphologie que son cousin moldu[103]. La seconde fois a lieu lorsqu'il cherche à protéger Hermione, dans la forêt de Dean, en se présentant aux Rafleurs venus les enlever sous l'identité même de Dudley, grâce au maléfice Cuisant[104]. De cela, je déduis que les évènements s'étant déroulés dans la famille d'Albus Dumbledore trouvent une résonance particulièrement intime chez l'enfant Dursley, ce qui justifie sa transformation en Harry à l'âge de 11 ans, dont il s'agit ici de suivre le cheminement.

---

103 - *Harry Potter et la Chambre des secrets*

104 - *Harry Potter et les Reliques de la Mort*

Par ailleurs, c'est en m'intéressant au lien qu'entretient Harry avec son ami l'elfe de maison Dobby, mais aussi plus généralement à la place occupée par les elfes de maison au sein du monde magique et à la relation qu'ils partagent avec leur maître, que je trouve certaines ressemblances avec celle reliant Harry à son cousin : le rapport de domination et d'humiliation, bien sûr, leur détestation réciproque teintée d'une loyauté indéfectible (Harry sauve Dudley des Détraqueurs malgré tout ce qu'il lui fait subir), une certaine forme d'amour cruel. C'est le caractère ambigu de cette relation que je vais essayer de clarifier dans ce chapitre.

DE DUDLEY À HARRY

Dudley Dursley est le cousin moldu de Harry Potter et le fils de Vernon et Pétunia Dursley. Il apparaît dans tous les livres de la saga où il joue un rôle important, particulièrement au début de la série. Enfant gâté et tyrannique, Dudley est élevé par ses parents dans la croyance qu'il est au centre de l'univers. Très grossier, il traite Harry cruellement en le contraignant, avec ses parents, à vivre dans un placard sous l'escalier, où il mène une vie misérable et démunie.

Depuis leur petite enfance, Dudley harcèle Harry, profitant de sa position de favori au sein de la famille pour se moquer de lui et le maltraiter, tant physiquement que psychologiquement, souvent avec le soutien tacite de ses parents. À l'école, il devient le chef d'une bande de voyous, utilisant sa taille imposante pour intimider les autres élèves. Sa tendance à la violence et à l'intimidation ne cesse d'augmenter au fil du temps, mais un changement s'opère dès la quatrième année.

Dans *Harry Potter et la Coupe de feu*, en effet, Dudley est mis au régime strict par ses parents après avoir été diagnostiqué obèse, ce qui le rend encore plus irritable. Cet été-là, il subit également l'effet de la magie lorsque des bonbons ensorcelés augmentent la taille de sa langue.

Dans *Harry Potter et l'Ordre du Phénix* a lieu sa première rencontre avec la magie : il est attaqué par des Détraqueurs en rentrant à la maison avec Harry. Ne comprenant pas ce qu'il a vécu, profondément affecté, Dudley envisage peu à peu la gravité du monde magique. En le sauvant à l'aide de son Patronus, Harry pousse les Dursley à reconnaître, même à contrecœur, qu'il est plus prudent qu'il retourne à Poudlard pour des raisons de sécurité. Concernant Dudley, il montre des premiers signes de changement après cet épisode traumatique, en devenant plus silencieux et introverti.

C'est à la fin de la série, dans *Harry Potter et les Reliques de la Mort*, et juste avant que les Dursley ne soient mis à l'abri par l'Ordre du Phénix, que Dudley montre des remords envers Harry en le remerciant de lui avoir sauvé la vie. Il lui serre la main, ce qui marque une réconciliation symbolique entre les deux cousins, confirmé par l'autrice, qui affirme que si Dudley et Harry ne sont pas restés proches une fois devenus adulte, ils ont malgré tout maintenu un lien cordial.

DUDLEY L'ENFANT ROI

Dudley est sans conteste l'archétype de l'Enfant Roi, tyrannique, capricieux et cruel avec son entourage, ce qui du point de vue du spectateur ou du lecteur l'assimile à un monstre. Ses accès impressionnants de colère ou de frustration sont en particulier soulignés lors de l'épisode où, fêtant son anniversaire, Dudley pique une crise de nerfs car il n'a reçu « que » trente-six cadeaux !

Un autre épisode le concernant, tiré de la version cinématographique, a cependant attiré mon attention. Nous sommes au 4, Privet Drive, et lors d'une crise familiale durant laquelle la sœur de

Vernon, Marge, est transformée en ballon volant, Dudley indifférent continue de manger devant la télévision en regardant un couple de patineurs sur glace danser de manière harmonieuse. Cette scène apporte selon moi un contrepoint intéressant à la compréhension de son personnage, car illustre non seulement de quelle manière il traite ses angoisses par la boulimie alimentaire, mais comment aussi il s'extrait de la réalité en se dissociant de son environnement – l'image projetée du couple harmonieux sur l'écran de la télévision entre en contradiction avec la scène se jouant devant nos yeux. La séquence se conclut par Harry qui, après être remonté dans sa chambre, regarde cette fois le couple de ses parents danser amoureusement dans une photographie animée. Ce même motif, que partagent Dudley et Harry, confirmerait le fait qu'ils soient tous deux les facettes coexistantes d'un personnage identique, l'un évoluant vers l'âge adulte, hanté par des fantômes et marqué par l'obésité, l'autre évoluant vers l'âge enfantin pour chasser les fantômes du passé grâce à ses pouvoirs magiques.

En d'autres termes, Harry pourrait être considéré comme l'hologramme de Dudley chargé de l'évader des soucis familiaux et du sentiment d'enfermement qu'il vit au contact de parents étouffants, tout en lui permettant de remonter le temps, au sein d'un monde magique énigmatique, jusqu'à l'origine de ses traumatismes. Cette nouvelle proximité entre Harry et Dudley se caractérise, dès le deuxième épisode, par le fait que notre héros a désormais quitté son cagibi sous l'escalier pour occuper une chambre à l'étage.

À leur sujet, j'identifie au moins deux points de convergences entre eux. Le premier concerne un statut similaire d'Enfant Roi, car tout comme Harry découvre être l'Élu du monde magique, en ayant survécu à l'attaque de Voldemort, Dudley est lui aussi désigné comme étant l'Élu au sein de la famille Durlsey, sans n'avoir rien fait pour cela de particulier. Un tel statut est en réalité un poids immensément lourd à porter, car justifiant de se montrer à la hauteur en toutes circonstances au risque de l'épuisement. La destinée de Harry rend justement compte de cela durant toute la saga, lui qui ne peut jamais se défiler, lui qui est sans cesse impliqué et responsabilisé.

Le second point de convergence entre les cousins découle en réalité du premier. Car le fait d'occuper une place puissante implique incidemment de ne jamais devoir décevoir, et au nom de cela, de se trouver « invisibilisé » dans sa vie personnelle en produisant un avatar de soi. C'est exactement ce qu'entreprend Dudley en faisant grandir en lui Harry dès ses 11 ans, tel un parasite. Car Dudley, tout comme Harry, dont les interactions sociales en dehors du monde magique sont quasi nulles, n'existe pas tout à fait aux yeux de ses parents. Ou tout du moins, existe selon une version idéalisée ne correspondant pas à la réalité. Sans arrêt encensé, excusé ou valorisé malgré ses tares, on constate de quelle manière ses parents distordent la réalité pour le rendre conforme à l'image d'un fils rêvé. Les conséquences d'une telle projection sont effroyables pour Dudley, confronté à une absence de limites et à une insécurité psychique grandissante, puisqu'il ne peut se permettre d'aller mal au regard des sacrifices que ses parents font pour lui.

La souffrance de Dudley est établie dans le cinquième livre *Harry Potter et l'Ordre du Phénix*, lorsque survient son attaque à Little Whinging, sa ville natale. Nous sommes en été, Harry et Dudley rentrent du parc lorsque les Détraqueurs les agressent. Pour les sauver, Harry n'a d'autre choix que d'utiliser un sortilège de Patronus, une magie avancée, dans un espace non protégé par les lois magiques. Cela conduit à une convocation au tribunal du Magenmagot pour avoir utilisé la magie en dehors de l'école et en présence d'un Moldu.

Vernon et Pétunia sont profondément choqués en retrouvant leur fils désorienté, effrayé et malade après l'attaque. Ils sont terrifiés de le voir si vulnérable, lui qui est habituellement fort et dominateur, et s'en prennent à Harry, qu'ils hésitent à renvoyer de leur maison. Jusqu'à ce que Pétunia ne se souvienne du serment fait autrefois, sans doute à Albus Dumbledore, de protéger Harry tant qu'il vivrait sous son toit.

Malgré le fait que Dudley ait été traumatisé par l'attaque, aucune prise en charge médicale n'est envisagée. Pourtant, le grave épisode dissociatif dont il est victime, et s'apparentant à une bouffée délirante aiguë – hallucinations auditives et visuelles, perte de connaissance – aurait dû le justifier en raison de potentielles conséquences gravissimes – mise en danger personnelle, séquelles cognitives, entrée dans une schizophrénie. À vrai dire, c'est même l'inverse qui se produit, à savoir la mise en place d'une ambiance de secret chez les Dursley autour de la maladie de leur fils, eux qui déménagent dans la précipitation à ses 17 ans tout en le cachant aux yeux des voisins sous une couverture (version cinématographique).

Cette configuration familiale visant à entourer par le secret la maladie d'un enfant est un motif récurrent de la série : les crises d'Ariana Dumbledore justifient que sa mère Kendra se dévoue exclusivement à ses soins au décès de son mari ; les actes de folie de Barty Croupton Jr. qu'amènent sa mère à se sacrifier pour lui en secret (elle le remplace en prison) ; la souffrance psychologique de Merope Gaunt, la mère de Tom Jedusor, explique que sa famille la cache tout en la maltraitant à la maison, avant qu'elle ne meure en couches. On peut même ajouter à ce décompte Aurelius Dumbledore, Obscurial n'ayant pas conscience de son état – il porte en lui une force noire et chaotique pouvant causer des destructions massives – qui est élevé en secret au sein de la famille Bellebosse et de la Ligue des Fidèles de Salem (groupe hostile à la magie et aux sorciers)[105].

La protection puissante, fondée par le secret et le sacrifice, et qui devient un véritable *leitmotiv* de la série, constitue un mécanisme aux conséquences délétères. En suspendant dans le temps un traumatisme irrésolu (le secret) et en favorisant l'émergence de sauveurs pour

105 - *Les Animaux fantastiques* (2016)

y faire face – action de se sacrifier pour le bien des autres tout en donnant en surabondance ce qui n'a pourtant jamais été demandé –, un phénomène pernicieux de co-dépendance se met en place autour d'une dette imaginaire – je te donne tout ce que j'ai – qu'il est par définition impossible de critiquer – tout ce que je fais, je le fais par amour pour toi. Ce principe d'étouffement aboutit finalement chez celui que l'on protège à un sentiment d'impuissance compliqué d'épisodes de frustration colérique.

Exactement ce qu'il se produit dans le cas de Dudley Dursley, enfant en souffrance prisonnier de son statut d'Élu – il n'est pas médicalement soigné, de peur que l'on soit séparé de lui –, étouffé par un trop-plein d'amour familial que matérialise sa boulimie – l'obésité témoignant paradoxalement et de sa souffrance et de sa force physique – qui l'empêche d'exprimer ses véritables besoins – il est caractériel comme l'est un enfant roi.

Ainsi, voici comment le monstre Dudley prendrait forme dans la supermatrice familiale des Dursley, rongée par les traumatismes et les secrets.

INVERSION DU RAPPORT DE FORCE

La naissance de Harry dans cet environnement soulage les tensions s'exerçant sur Dudley au travers de leur relation à la fois complexe et évolutive. Pris dans les remaniements d'une adolescence marquée par son absence d'autonomie en raison de ses parents surprotecteurs, Dudley lutte initialement pour être à la hauteur de leurs attentes, se persuadant d'être en capacité d'incarner le garçon qu'ils lui décrivent. Dès lors, je considère que le parasite Harry auquel il pourrait donner naissance, et qui représenterait sa part honteuse de faiblesse et de souffrance devrait être vaincu car matérialiserait la peur d'échouer, qu'il ne s'autorise pas à exprimer.

Mais lorsque malgré tous ses efforts, la maladie mentale représentée par les Détraqueurs – dépression, état mixte, bouffée délirante aiguë – s'impose à lui, c'est bien Harry qui le sauve *in extremis* et devient son protecteur. D'une certaine manière, l'état dissociatif que lui offrirait son double, c'est-à-dire le rapport à une autre réalité, protégerait désormais Dudley. La fonction de Harry chez les Dursley serait donc initialement de sauver son cousin de la folie/dépression adolescente avant que son implantation définitive ne traduise son échec. C'est sans doute dès ce moment que le parasite Harry prendrait le pouvoir sur son organisme hôte. En devenant un avatar aussi craint que respecté, il confirmerait en effet l'inversion du rapport de force qui s'établit entre les deux cousins[106].

Sur cette base de compréhension, il apparaît donc que Harry représenterait initialement à Dudley un bouc émissaire servant de dérivatif à la relation parentale étouffante dont il souffre en silence, avant qu'il ne lui devienne une sorte de frère imaginaire. D'une certaine manière, j'associe la relation liant Harry à Cedric Diggory dans le monde magique, cet ami/frère dont il déplore la perte dans le quatrième tome de ses aventures *Harry Potter et la Coupe de feu*, à celle liant Harry et Dudley dans le monde moldu. En effet, Harry, en prolongeant l'histoire d'amour avortée de Cedric avec Cho Chang, indique avoir renversé le rapport de force avec ce grand frère intimidant mais admiré, comme il indique avoir pris le dessus sur son grand cousin en remportant la guerre contre sa

106 - Dans *Harry Potter et l'Ordre du Phénix*, les phénomènes hallucinatoires et/ou dépressifs de Dudley correspondent aux visions que Harry développe dans le monde magique, lui qui est le seul à voir les Sombrals (rapport à la mort) que les autres ne voient pas, à l'exception de Luna Lovegood, dont il fait la rencontre.

bande dans le parc de Little Whinging[107]. Harry s'est donc à la fois implanté dans la vie de Cedric à l'issue du Tournoi des Trois Sorciers, comme il s'implante dans celle de son cousin Dudley dont il prend définitivement le contrôle. Si Dudley donnait naissance à Harry à l'âge de 11 ans, ce serait donc bien Harry qui deviendrait Dudley à l'âge de 17 ans. Mais est-ce vraiment Harry qui s'implanterait dans la vie de Dudley, lui qui n'a jamais eu aucune estime ni attraction pour lui, ou bien l'inverse, à savoir Dudley qui s'implanterait définitivement dans celle de Harry ?

17 ans, c'est aussi l'âge auquel Dudley se trouve contraint de déménager avec sa famille Dursley. Par extension, cela signifie que Harry n'est plus tenu de vivre avec lui. Mais c'est aussi son âge lorsque meurt sa chouette Hedwige, ce qui témoignerait du fait qu'il n'est plus cet oiseau de nuit errant dans le « rêve univers » de Dudley, mais bien devenu le seul et l'unique. Dans la bataille l'opposant à la famille Dursley en fuite, c'est donc Harry qui semble l'emporter.

Il est à noter que l'évolution et la conclusion favorable de sa dualité avec Dudley se place en miroir de celle entre Albus Dumbledore et Voldemort. Dans les deux cas, Albus et Dudley font grandir une part orpheline d'eux-mêmes qui finit par s'imposer à eux. En ce qui concerne Harry, sa famille d'adoption, les Weasley, devient définitivement sienne après son mariage avec Ginny. Est-ce à dire que Dudley, désormais représenté par son avatar Harry auquel il est lié de manière ombilicale, aurait survécu à ses troubles psychiatriques – schizophrénie débutante – en créant lui aussi les conditions de son adoption dans la famille de sa future épouse ?

Mais si cette transformation de Dudley en Harry, à l'orée de ses 17 ans, était confirmée par la disparition d'Hedwige, elle le serait

---

107 - Il s'agit ici de comprendre que le combat que mèneraient Dudley et Harry est surtout intérieur, comme une tempête dans une boîte crânienne.

aussi par le destin tragique de l'ancien esclave affranchi, Dobby l'elfe de maison, ami de Harry qui finit pourtant par mourir.

HARRY, L'ELFE DE MAISON

Comme je l'ai déjà ébauché, la relation entre Dudley et Harry emprunte dans un premier temps certaines caractéristiques à celle entretenue par Harry avec l'elfe Dobby, relation évoluant dans un second temps sur le modèle de celle existant entre Harry et Cedric.

Les elfes de maison sont des créatures du monde magique dévouées à la protection de leur maître. Leur condition est proche de l'esclavage, car ils peuvent être accusés et condamnés pour les crimes de leur maître, mais aussi être maltraités ou amenés à mettre leur vie en péril. La plupart du temps, la présence d'un elfe de maison souligne la dureté du rapport existant entre le détenteur de cet elfe et son propre enfant. L'elfe Winky, de la famille Croupton, l'elfe Kreattur, de la famille Black, et l'elfe Dobby, de la famille Malefoy, font clairement référence à l'attitude esclavagiste de Croupton Sr. sur Croupton Jr., qui fait enfermer son propre fils à Azkaban, des parents Black sur les frères Sirius et Regulus, puisque l'un est banni à ses 18 ans et l'autre décédant au même âge, ou de Lucius Malefoy sur son fils Drago.

Ces caractéristiques sont identiques à celles unissant Harry à Dudley, ce dernier se comportant avec lui de manière excluante et dégradante. Or, l'autrice nous renseigne sur le fait qu'un elfe de maison se libère de son maître lorsque ce dernier lui donne un vêtement personnel, ce que parvient à faire Harry en cachant une chaussette au sein d'un livre que rend Lucius Malefoy à son elfe. Mais si Dobby se libère de son maître par l'apport d'un vêtement, à quel moment Harry en fait-il de même avec Dudley ?

Il apparaît que Harry est souvent habillé avec des vêtements trop grands qu'il emprunte à son cousin Dudley, créant les conditions de son émancipation finale. Son accoutrement vestimentaire l'apparente justement à un elfe de maison, car ceux-ci sont le plus souvent habillés en guenilles. L'homologie par le vêtement a son importance, car elle traduit la fonction de « doudou » que remplit l'elfe de maison[108].

La présence de l'elfe de maison Harry rendrait donc compte du rapport esclavagiste qui se noue avec Dudley et la famille Dursley, et qui le contraint à obtenir sa liberté. L'épisode du gâteau renversé dans le salon par l'elfe Dobby sur les invités traduit la volonté dissidente de Harry. En admettant que Harry est donc bien un elfe de maison obligé de satisfaire Dudley, et cela même si l'ordre donné ne lui convient pas, il peut alors marquer sa désapprobation en n'effectuant pas correctement les tâches demandées. Un elfe de maison n'aimant pas ses maîtres peut obéir à des ordres de manière ambiguë, comme en remplissant une baignoire d'eau bouillante pour un bain chaud ou en renversant un gâteau volontairement.

Cette caractéristique nous renvoie à l'épisode du vivarium, durant lequel Harry, sur un ordre malintentionné de Dudley, fait effectivement bouger le python de Birmanie. Harry, faisant plonger Dudley aux côtés du serpent qu'il met en mouvement, parvient à le ridiculiser. Selon cette configuration, l'elfe est tout à la fois protecteur, comme lorsque Harry protège son cousin face aux Détraqueurs, mais aussi persécuteur. Ceci explique le lien indéfectible qui relie Harry et Dudley.

---

108 - Le doudou est souvent usé et habillé en guenilles après des années de bons et loyaux services.

MALTRAITANCE(S) ENFANTINE(S)

Comme Dudley est l'archétype de l'Enfant Roi, Harry sous sa forme d'elfe de maison est l'archétype de la maltraitance enfantine. Vivant sans espace personnel chez son propriétaire – Harry dans son cagibi, l'elfe Kreattur dans la cuisinière de la famille Black –, il parasite la vie des autres, tout particulièrement dans les cuisines. D'ailleurs, l'école de sorcellerie de Poudlard n'est-elle pas un repère d'elfes, puisqu'une centaine d'entre eux y vit dans les cuisines, comme on le découvre au fur et à mesure des aventures de nos héros ? Les poux-de-lard seraient en vérité les elfes de maison dans les cuisines de l'école ! Cette traite des esclaves, permise par le professeur Albus Dumbledore, apporte à mon sens une nouvelle confirmation au fait que Harry, en devenant également un elfe de maison dans le monde magique, est bien asservi par son mentor.

Harry serait donc tout à la fois l'elfe de maison de Dudley dans le monde moldu et celui d'Albus Dumbledore dans le monde magique. Or, et je l'ai indiqué, Harry pourrait coloniser à terme le psychisme de son cousin qui, sombrant dans la maladie mentale, finirait par ne plus vivre qu'à travers lui. Ou plutôt, et vu sous cet angle-là, c'est Dudley qui coloniserait le psychisme de son cousin protecteur pour échapper à sa folie mentale. En ce qui concerne Albus Dumbledore, le procédé est similaire, puisqu'il gagnerait l'immortalité en vivant désormais sous les traits de Harry. Dans les deux cas, le parasite/elfe de maison proposerait à son hôte une identité d'emprunt qui lui permettrait d'échapper à sa condition tragique (la maladie dans le cas de Dudley, la mort dans le cas d'Albus), ce qui nous indique de quelle manière les pouvoirs des petits sorciers seraient détournés au profit de ceux qui les initient à la magie. Loin d'être une condition d'émancipation, être un parasite/elfe de maison à Poudlard reviendrait donc à faire le sacrifice de son identité à ceux qu'ils ont pour mission de sauver.

J'ai déjà indiqué de quelle manière l'enseignement reçu par Harry à Poudlard est celui de la double peine, comme son incessant vécu d'injustice nous le rappelle à chaque tome de la saga (être rendu coupable de ce dont on est pourtant victime). Un tel mécanisme induit l'impuissance du jeune héros étant sans relâche confronté à ses échecs.

Exactement ce qu'il se produit pour les elfes de maison, coupables par définition de tout ce qu'ils font ou entreprennent, et ce dont témoigne en particulier Dobby qui passe son temps à se faire du mal pour se reprocher ses initiatives. Les autres elfes apparaissant dans la saga sont logés à la même enseigne.

L'Elfe Hokey est dévouée à sa maîtresse, Hepzibah Smith, riche sorcière collectionneuse d'objets magiques rares, qui possède notamment un médaillon ayant appartenu à Salazar Serpentard et une coupe à Helga Poufsouffle. Ces objets retiennent l'attention de Tom Jedusor qui, lors d'une visite, manipule l'antiquaire et lui dérobe ces trésors. Peu de temps après, Hepzibah est retrouvée morte, empoisonnée. Tom Jedusor s'arrange alors pour que l'elfe de maison Hokey soit accusée à sa place du meurtre de sa maîtresse. Il modifie sa mémoire, lui faisant croire qu'elle a accidentellement empoisonné Hepzibah en mettant trop de poison dans son chocolat chaud. Hokey est jugée coupable de la mort de Hepzibah Smith et probablement condamnée.

Harry prend connaissance de cette histoire grâce à un souvenir que Dumbledore lui montre dans la Pensine dans le sixième tome, *Harry Potter et le Prince de sang-mêlé*, ce qui lui fait dire que Hokey a été jugée coupable juste parce que c'est une elfe de maison.

Dans la même veine, l'elfe de maison de Bartemius Croupton Sr., Winky, est injustement accusée dans le quatrième tome de la série, *Harry Potter et la Coupe de feu*, d'avoir dérobé la baguette magique de Harry afin d'invoquer la Marque des Ténèbres. En conséquence, Bartemius Croupton Sr., soucieux de son image et de sa position au ministère, punit sévèrement Winky en la libérant de ses services, ce qu'elle vit comme une grande humiliation, car très attachée à la famille Croupton. Dévastée par cette expulsion, et bien que retrouvant un emploi grâce à Dobby dans les cuisines du château, elle devient dépressive et noie son chagrin dans la Bièraubeurre.

Véritable doudou grandeur nature, l'elfe de maison est donc une créature fantastique qui protège son propriétaire en portant en son nom la double peine le maintenant en esclavage. Il rejoint en ce sens la destinée de Harry, exposé à une double peine contre laquelle il est incapable de se défendre.

Pour conclure, Dudley et Harry sont tous deux maltraités, mais chacun dans un registre différent : l'un par un excès de protection en étant étouffé et invisibilisé, l'autre en étant placé dans une carence affective majeure. Dans les deux cas, aucun n'a la possibilité de quitter les parents, dont ils sont devenus dépendants.

IV

Retour chez les DURSLEY

La saga *Harry Potter* pourrait être interprétée, sous l'angle de la psychologie, comme le récit d'une transmission verticale de fantômes menaçant l'intégrité psychique d'un anti-héros, le jeune Dudley, contraint de se dissocier à l'âge de 11 ans en notre petit sorcier. Les super-pouvoirs du parasite Harry, qui deviendrait son avatar au fur et à mesure de sa quête, seraient en relation avec la cellule familiale dysfonctionnelle des Dursley, ce qui impliquerait que le monde magique soit en réalité le fruit d'une projection personnelle.

Les données concernant la famille Dursley étant très succinctes – le père Vernon a une sœur Marge qui partage avec lui sa détestation de Harry, la mère Pétunia n'est pas sorcière à la différence de sa sœur cadette Lily Evans, préférée de la famille –, cela rend difficile toute analogie entre l'histoire respective de cette famille moldue et celles que l'on découvre dans le monde magique. Mais je peux tout de même soumettre l'hypothèse selon laquelle la dissociation du petit Dudley se ferait sur le modèle de sa mère.

Pétunia Evans est née dans une famille moldue, c'est-à-dire sans pouvoirs magiques. Elle grandit avec sa petite sœur Lily – comme Dudley avec Harry – qui, contrairement à elle, possède des capacités magiques avant d'être admise à l'école de Poudlard. Pétunia ressent une grande jalousie envers cette sœur sorcière douée, considérant ne pas avoir été aussi aimée qu'elle, ce qu'elle confie un jour à Rubeus Hagrid. Elle voit la magie comme quelque chose de bizarre, d'effrayant, sa jalousie se transformant ensuite en ressentiment au fil des ans. Après la mort tragique de Lily et de son mari James Potter, les parents de Dudley se trouvent obligés d'accueillir chez eux Harry, qu'ils ne traitent jamais avec amour ou gentillesse.

Bien qu'elle ait toujours rejeté le monde magique, certains indices montrent cependant que Pétunia ressent de l'ambivalence à ce sujet, mélange de craintes et d'envies enfantines. Conservant en secret une lettre de Dumbledore, elle ne semble pas si indifférente que cela au monde magique.

Dès lors, la manière ambivalente dont Pétunia endosse son lien de filiation avec Harry n'exprime-t-elle pas, si on analyse ce personnage à la lumière de la psychologie, une dissociation mentale ? À ce stade du raisonnement, Pétunia et sa sœur cadette Lily pourraient être considérées comme une seule et même personne, qui se matérialisent dans des temporalités différentes. Selon cette idée, Pétunia aurait été exposée il y a longtemps, comme Dudley à ses 11 ans, à un puissant traumatisme familial qu'elle chercherait à résoudre. Sous le poids de cette charge mentale, son appareil psychique se serait scindé en deux, faisant apparaître deux parties distinctes évoluant dans le temps au sein de deux dimensions : sa personnalité adulte sous la forme de Pétunia, sa personnalité enfantine sous la forme de Lily.

Peut-être est-ce justement la bonne part de Pétunia à laquelle les deux enfants cherchent à avoir accès, celle ayant été un jour confiante et combative, et désormais emprisonnée dans le miroir du Riséd ? Une telle dépression maternelle irrésolue, en lien avec une dette personnelle (Pétunia aurait échoué malgré son implication personnelle) mobilise les pouvoirs de notre jeune sorcier et coïncide avec son départ pour Poudlard. C'est aussi celle qui explique pourquoi malgré la surprotection dont il bénéficie de la part de ses parents, Dudley se sentirait à ce point délaissé qu'il n'aurait d'autre choix que d'engendrer sa part orpheline sous la forme de Harry. Comme sa mère auparavant, il lui incomberait de combattre le secret familial, et donc soigner la maladie parentale, au risque d'être contaminé par ce mal et de le transmettre à son tour, ce que symbolisent les résurrections successives de Voldemort.

La question se pose désormais de savoir si l'éventuel secret des Dursley pourrait correspondre à celui identifié dans la famille Dumbledore. Là encore, aucun élément ne nous permet de l'affirmer, même si un faisceau de présomption nous indique que de tels évènements ont dû se produire, dans des temps plus ou moins reculés, au sein de la lignée maternelle de Dudley. Pour rappel, les données que nous révèle l'histoire terrifiante des Dumbledore concernent la négligence et l'enfermement d'une jeune sorcière cachée du monde et sa mort accidentelle, probablement induite par l'un de ses frères. De telles atrocités pourraient bien justifier la création d'un conte universel pour en éloigner la charge et le secret.

1

LES PREUVES MYTHOLOGIQUES

Comme je l'ai stipulé dans le chapitre abordant l'existence du monde magique sous le point de vue d'un « rêve univers » réalisé par Dudley, je distingue cinq niveaux de réalité dans les aventures de Harry : sa vie chez les Dursley, sa vie dans le monde magique, la confrontation à son secret de l'origine, l'histoire de la famille des Dumbledore et les temps immémoriaux et mythologiques auxquels se réfèrent parfois les personnages.

Voyons de quelle manière les références mythologiques disséminées tout au long de la série permettent d'élaborer des parallèles symboliques entre le récit et l'analyse psychologique de ses personnages.

LA JEUNESSE D'HERCULE

L'histoire des origines du demi-dieu me rappelle celle des jumeaux psychiques Dudley et Harry, nés eux aussi en décalage, à un mois d'intervalle. Or, c'est précisément à une telle grossesse nerveuse que la mère d'Hercule, Alcmène, est confrontée bien malgré elle.

Chassée de Mycènes, Alcmène s'est réfugiée à Thèbes. Elle attend le retour d'Amphitryon, son mari, parti à la guerre pour accomplir une vengeance. Une nuit, alors que la rumeur de la victoire se répand dans les rues, elle reçoit son époux dans l'intimité de ses appartements. La jeune femme ne sait pas encore que son amant est Zeus, le roi des dieux, qui se fait passer pour Amphitryon. De cette union, qui dure le temps de trois nuits, naît l'un des personnages les plus célèbres de la mythologie grecque, Hercule. Mais vingt-quatre heures après sa naissance, voilà qu'Alcmène met au monde son autre fils, issu de ses amours avec Amphitryon, Iphiclès. Lorsque bien plus tard, la déesse Héra, qui est la femme de Zeus, apprend que son mari a eu un enfant illégitime, elle conduit Hercule à commettre l'irréparable : il tue sa femme Mégara et leurs trois enfants dans un accès de colère, ainsi que les enfants de son frère.

L'histoire de Hercule, héros populaire s'il en est, objet d'un véritable culte chez les Grecs et les Romains, ne doit pas faire oublier les parts d'ombre de son existence, que je viens ici de rappeler. Pourtant, son mythe ne retient pas le fait qu'il commet un féminicide et un infanticide. Il faut croire que l'ampleur de ses légendaires exploits – les douze travaux d'Hercule, entre autres – fait passer au second plan ces péripéties-là. Plusieurs aspects de son histoire me semblent en rapport avec l'histoire des Dumbledore : Hercule construit sa légende comme Albus Dumbledore fabrique la sienne de toutes pièces ; Hercule assassine sa femme sous l'influence de Héra comme Albus tue, probablement par mégarde, sa soeur Ariana sous celle de Gellert Grindelwald ; Hercule est un être puissant psychiquement engendré par son frère Iphiclès, comme Harry est un être magique engendré par le psychisme de Dudley.

Finalement, Harry et Hercule ont le pouvoir de protéger les entités qu'ils parasitent et dont ils finissent par devenir les avatars : on se souviendra désormais d'eux, et non plus de leur hôte initial ! Le rapprochement entre ces deux personnages, conjointement à celui entre Harry et Albus que j'ai déjà largement commenté, pourrait faire référence au sororicide d'Albus sur Ariana.

LA CRÉATION DE POUDLARD

Si les références et autres usages détournés des mythes grecs pourraient confirmer les hypothèses d'une histoire familiale trouble chez les Dumbledore, des éléments appartenant exclusivement à la mythologie de la saga éclairent d'une autre lumière ces évènements perdus dans le temps. Il s'agit des récits entourant la création du château de Poudlard, avant 992.

L'école est constituée de quatre maisons – Gryffondor, Serpentard, Poufsouffle, Serdaigle –, chacune d'entre elles étant porteuse d'un récit originel, mais aussi de l'histoire d'un fantôme, les deux se liant pour en raconter leur fondation.

La maison Gryffondor tout d'abord. L'origine de cette maison remonte à sa création par Godric Gryffondor, personnage connu pour son courage, sa bravoure et sa force d'âme. On raconte que, contrairement à la maison Serpentard, il valorisait la force de caractère, et plutôt que la lignée, et la pureté du cœur de ses élèves. Un autre élément légendaire lié à Gryffondor est son épée, une arme magique qu'il aurait forgée, capable d'apparaître uniquement à ceux qui en sont dignes. Cette épée incarne les valeurs de courage et de bravoure. Elle a, au fil des siècles, joué un rôle dans de nombreuses batailles contre les forces du Mal. Son animal symbolique est le lion, représentant la force et la noblesse ; ses couleurs sont l'or et le rouge qui reflètent l'audace de ses membres ; son histoire et ses traditions s'associent à l'héroïsme et à la bravoure dans l'univers magique de Poudlard.

Nick Quasi-Sans-Tête, de son vrai nom Sir Nicholas de Mimsy-Porpington, est le fantôme résident de la maison Gryffondor à Poudlard. Chevalier de la cour du roi Henri VII, il est condamné, le 31 octobre 1492, à être exécuté par décapitation pour avoir défiguré une dame de la cour (il voulait rendre ses dents plus droites).

Son surnom de « Nick Quasi-Sans-Tête » provient du fait qu'après quarante-cinq coups de hache, sa tête est restée accrochée à son cou par un simple morceau de peau et de tendons. Cette condition incomplète est une source de frustration pour Sir Nicholas : il est en effet constamment rappelé à son état lorsque les autres fantômes, notamment ceux du club des Chasseurs Sans Tête, refusent de l'accepter dans leurs rangs, estimant qu'il n'est pas assez décapité pour rejoindre leur confrérie.

La maison Serpentard est fondée par Salazar Serpentard, un sorcier puissant et influent, réputé pour sa maîtrise de la magie noire et son habileté en legilimancie (la capacité de lire les pensées). Valorisant la ruse, l'ambition et la détermination, il souhaite que seuls les sorciers de Sang Pur, c'est-à-dire issus de lignées exclusivement magiques, soient admis à Poudlard. Cette idéologie crée une grande division entre Serpentard et Gryffondor, et conduit finalement à la rupture entre les deux fondateurs. Salazar quitte Poudlard, mais pas avant d'avoir secrètement créé la tristement célèbre Chambre des secrets, pièce cachée dans l'école qu'il conçoit pour que son héritier puisse un jour purger Poudlard des élèves nés de Moldus, et qui abrite le terrible Basilic, créature magique capable de tuer d'un simple regard. Le symbole de Serpentard est un serpent, un animal associé à la ruse et à l'adaptabilité ; ses couleurs sont le vert et l'argent ; Tom Jedusor, le dernier héritier de Serpentard, appartiendra à cette maison.

Le fantôme de la maison Serpentard est le Baron Sanglant. Il est l'un des quatre fantômes résidents de Poudlard, ct, comme son nom l'indique, est connu pour son apparence effrayante et mystérieuse, marquée par des taches de sang sur son corps spectral. L'histoire du Baron Sanglant est tragique et sombre. De son vivant, il était amoureux de Helena Serdaigle, la fille de Rowena Serdaigle, l'une des fondatrices de Poudlard. Lorsque Helena s'est enfuie avec le diadème magique de sa mère, Rowena, bien que très malade, a demandé au Baron de la ramener. Il l'a retrouvée en Albanie, mais elle a refusé de le suivre. Dans un accès de colère et de jalousie, le Baron l'a tuée. Pris de remords après avoir commis cet acte atroce, il a mis fin à ses propres jours en se poignardant. C'est la raison pour laquelle son fantôme porte des chaînes et est couvert de taches de sang. Le Baron reste hanté par son crime, et c'est ainsi qu'il erre à Poudlard en tant que fantôme, marqué par le poids de ses actions.

La maison Poufsouffle a été fondée par Helga Poufsouffle, l'une des quatre sorcières et sorciers à l'origine de Poudlard. Contrairement à ses collègues fondateurs, qui avaient des critères spécifiques pour sélectionner leurs élèves (comme le courage pour Gryffondor ou l'ambition pour Serpentard), Helga Poufsouffle était connue pour sa tolérance et sa générosité. Elle croyait que tout élève méritait une chance d'apprendre, quelle que soit son origine ou ses talents, et elle valorisait particulièrement le travail acharné, la loyauté, la patience et l'équité. Les élèves de la maison Poufsouffle sont souvent perçus comme étant les plus travailleurs et les plus modestes de Poudlard. Contrairement à ceux des autres maisons, ils ne recherchent pas la gloire ou l'excellence individuelle, mais se concentrent plutôt sur la loyauté et le soutien mutuel. Helga Poufsouffle était également réputée pour sa maîtrise des sorts de nourriture et de cuisine. Sa maison est représentée par un blaireau, un animal qui symbolise le travail acharné et la persévérance ; ses couleurs sont le jaune et le noir.

Le fantôme de la maison Poufsouffle est le Moine Gras. Il est l'un des fantômes les plus amicaux et chaleureux de Poudlard, tout comme la maison à laquelle il est associé.

De son vivant, le Moine Gras était un moine qui vivait probablement au Moyen Âge. On sait peu de détails sur sa vie avant sa mort, mais il était connu pour être jovial, généreux et toujours prêt à aider les autres. Cependant, il a été exécuté par ses confrères religieux parce qu'ils étaient méfiants de ses pratiques magiques, notamment la capacité qu'il avait de guérir les malades en utilisant la magie. Contrairement au Baron Sanglant de Serpentard, qui inspire la peur, ou à Nick Quasi-Sans-Tête, qui est quelque peu vaniteux, le Moine Gras est simplement un personnage jovial, souvent vu en train de flotter dans les couloirs ou d'assister aux festins de Poudlard.

La maison Serdaigle a été fondée par Rowena Serdaigle, l'une des quatre célèbres fondateurs et fondatrices de Poudlard. Elle était réputée pour son intelligence, sa sagesse et son amour de l'apprentissage. Ces qualités sont au cœur de la maison Serdaigle, qui valorise l'esprit vif, la créativité et la soif de connaissance. À la différence de Salazar Serpentard, qui privilégiait la pureté du sang, ou à Gryffondor, qui valorisait le courage, Rowena Serdaigle voulait que les élèves de sa maison soient sélectionnés pour leur intelligence et leur créativité, quelle que soit leur origine. Les membres de Serdaigle se distinguent souvent par leur capacité à penser de manière indépendante, leur originalité et leur désir d'apprendre par eux-mêmes. Le symbole de Serdaigle est un aigle, un oiseau qui représente la hauteur de l'esprit et la capacité de voir au-delà du commun ; ses couleurs sont le bleu et le bronze.

Rowena Serdaigle elle-même est une figure tragique dans l'histoire de Poudlard. Elle a perdu sa fille, Helena Serdaigle, qui a volé le diadème de Serdaigle, un artefact magique censé accorder la sagesse à son porteur. Helena s'est enfuie en Albanie avec le diadème, et Rowena est morte de chagrin peu de temps après, sans jamais se réconcilier avec sa fille. Ce diadème deviendra par la suite un Horcruxe de Voldemort.

UN CHÂTEAU DE CARTES

De ces histoires associées à Poudlard découlent selon moi deux analyses complémentaires, la première concernant la dualité qui structure la vie psychique de chaque individu résidant dans le château de Poudlard.

À propos de dualité psychique, j'ai justement déjà évoqué de quelle manière la topographie des maisons de Poudlard renseigne sur l'organisation psychique de son directeur, Albus Dumbledore. Or, les mythes entourant leur création complètent l'hypothèse de la genèse d'un psychisme se faisant par opposition de phases autour de ses quatre maisons. Par convention, je vais à présent donner à leurs insignes des couleurs différentes de celles les définissant habituellement. Ce seront celles, rouge et noire, de nos cartes à jouer : cœur, carreau, trèfle et pique.

Pour commencer, à deux maisons fondées par des hommes – Godric Gryffondor, Salazar Serpentard – correspondent deux maisons fondées par des femmes – Helga Poufsouffle, Rowena Serdaigle. Si on attribue maintenant la classique couleur noire aux maisons négatives – Serpentard et Serdaigle –, les maisons positives porteront donc la couleur rouge – Gryffondor et Poufsouffle. Selon ce schéma, on en déduit qu'à une maison positive répond une maison négative de la couleur opposée, et cela de telle manière que l'on arrive à cette configuration : Gryffondor/Rouge/Carreau s'oppose à Serpentard/Noir/Pique, et Poufsouffle/Rouge/Cœur s'oppose à Serdaigle/Noir/Trèfle.

Une telle opposition par maison se confirme, puisque la rivalité ancestrale entre celle de Gryffondor et Serpentard s'incarne dans celle de leurs fondateurs, Godric et Salazar. Or, comment ne pas voir dans leur affrontement idéologique celui opposant, environ dix siècles plus tard, Albus Dumbledore et son ami Gellert

Grindelwald ? Dans les deux cas, la ligne de division concerne la gestion des relations entre le monde magique et moldu, et dans les deux cas une amitié féconde (création de Poudlard, projet de domination mondiale), pour ne pas dire amoureuse, aboutit à la rupture brutale et définitive de leurs liens. Dès lors, et comme j'ai déjà indiqué que Gellert pouvait, à la lumière d'une interprétation psychologique, apparaître comme le produit de la dissociation psychique d'un Albus en fuite cherchant à échapper à ses crimes (il envoie son avatar dans un multivers dimensionnel), j'en déduis que le modèle ayant permis cette métamorphose est celui de la transformation de Godric en Salazar.

Dès lors, si la fondation de Poudlard correspond à la genèse d'un psychisme – en l'occurrence celui d'Albus Dumbledore –, ces récits confirment bien qu'il se structure sur des couples en opposition de phase – masculin/féminin, bon/mauvais – soulignant non seulement la dualité de son occupant, mais aussi, par extension, de ceux qu'il accueille et éduque dans cet environnement. On en revient au potentiel de transformation que porte notre ineffable directeur, capable sans cesse de changer d'état pour échapper à ses responsabilités au sein de Poudlard, château magique où la vérité reste toujours cachée derrière les apparences. Mais ce lieu où habite notre Maître des Illusions, et où la meilleure version de soi cohabite secrètement avec une plus sombre qui, à tout moment, menace de faire revenir les ombres du passé – les quatre fantômes des maisons, plus d'autres comme l'esprit frappeur Peeves, se promènent librement à l'intérieur –, définit avant tout un espace d'insécurité rempli de doutes, d'angoisses et de remords.

Ce château si solide en surface menace ainsi de s'effondrer au moindre choc en raison de ses bases instables. Ce sera effectivement bien le cas lors de la bataille finale. Parce que Poudlard n'est au fond qu'un château de cartes.

LES FANTÔMES DES DUMBLEDORE

À propos de fantômes, justement, il s'agit de mieux considérer en quoi leur récit par maison apporte leur lot de révélations et de confirmations au sein de notre intrigue.

Et pour commencer, d'imaginer là encore par convention que les couples masculins/féminins des fondateurs – Godric/Helga, Salazar/Rowena – renseignent sur les figures parentales d'Albus Dumbledore. Et que nous apprend dès lors cette empreinte qu'ils laissent dans le psychisme de leur fils ? Qu'un père à valeur héroïque (l'épée de Gryffondor) porte aussi en lui beaucoup de sournoiserie (le serpent de Serpentard), qu'une bonne mère aimante, cuisinière et maternante (la coupe de Poufsouffle) peut devenir contrôlante et surprotectrice envers ses enfants (le diadème de Serdaigle).

Sans doute faut-il voir dans le dédoublement de ces figures d'attachement du père et de la mère la représentation d'états psychiques contraires, à l'origine d'une ambivalence relationnelle. Selon cette idée, une bonne figure parentale peut être bonne et rejetante à la fois. Ce « double lien », où deux messages contradictoires sont simultanément émis, s'avère d'une importance cruciale pour comprendre comment Albus Dumbledore peut être une chose et son contraire à la fois.

En stipulant à présent que la troupe des fantômes descendant des fondateurs de Poudlard forme une famille, on retrouve une nouvelle fois la structure de celle des Dumbledore. Le chevalier Nick Quasi-Sans-Tête serait Albus le courageux ; le Baron Sanglant, sa version dissociée et démoniaque évoquant Gellert ; le Moine Gras, gentil et naïf, serait Abelforth ; et Ariana serait la Dame Grise.

Sur la base de cette proposition, j'en déduis qu'Albus aurait « perdu la tête », mais jamais complètement non plus, pour ne pas être diagnostiqué comme fou. Dissocié sous la forme du Baron Sanglant, il exécute alors sa sœur aimée, représentée par la Dame Grise, dans une crise démentielle d'amour mêlant sentiment d'impuissance et de colère. Une fois qu'il reconnaît l'horreur de son crime, il en porte à la fois la malédiction (le retour du mal sera incessant dans sa vie) mais aussi les stigmates (le Baron Sanglant se présente suicidaire et ensanglanté). Son frère, le Moine Gras, représente enfin le doux Abelforth, personnage positif ayant la capacité de guérir le mal par sa position sacrificielle de bouc émissaire familial. Sa mort tragique rend bien compte de l'injustice que peut ressentir ce frère dénué de parole, véritable victime collatérale du terrible drame des Dumbledore[109].

109 - Abelforth Dumbledore me fait d'une certaine manière penser à Cassandre, dans la mythologique grecque, condamnée au don de clairvoyance sans que personne jamais ne la croie.

2

UN SECRET CHEZ LES DURSLEY

Mon analyse psychologique de la saga, qui ne se substitue pas au récit, mais se propose de le densifier, m'a permis de mettre en lumière des schémas comportementaux. Or, dans le vrai monde, ceux-ci sont le résultat de toutes sortes de traumatismes et de déviances que j'étudie et traite en thérapie avec mes patients. De mon expérience de psychiatre et psychothérapeute, j'ai tiré toutes sortes de leçons, et j'en arrive, après les avoir directement appliquées à Harry Potter, à cette question : que s'est-il passé chez les Dursley ? Que s'est-il vraiment passé dans cette famille moldue justifiant de créer un monde magique labyrinthique pour projeter loin ses traumatismes dans l'histoire de la légendaire famille Dumbledore ? De la maltraitance ? De la négligence ? Oui, selon toute vraisemblance. Des troubles mentaux en conséquence ? Ils sont effectivement incontournables. Une lourde problématique sociale ? Indubitablement, ils accompagnent cette dégénérescence familiale.

Pour revenir au schéma déjà exposé et bien identifié – un frère qui néglige puis tue accidentellement une sœur aimée avant de transférer à son frère cadet la culpabilité du sororicide –, il existe au sein de sa trame générale de nombreuses variations possibles, de pistes et réflexions différentes. Ce dont je me rends compte au gré des prises en charge de certains patients, fins connaisseurs de la saga, leur histoire clinique résonnant étrangement parfois avec l'histoire tragique des Dumbledore. C'est donc par ces biais que je vais ici tâcher de relier éléments cliniques magiques et leur possible inscription dans la réalité.

HISTOIRE DE THOMAS

La notion d'elfe de maison, évocatrice de maltraitance enfantine par le biais d'une relation d'emprise associée, m'a maintes fois été utile dans mes prises en charge de jeunes patients. Je me souviens en particulier de celle de Thomas. Poursuivant des études universitaires le contraignant à vivre encore chez ses parents, il souffre d'un véritable syndrome du sauveur envers eux. Thomas a en effet été tant impacté par les soucis de sa mère, qui a cessé de travailler, qu'il a lui-même dû se mettre en arrêt de travail. La peine de l'un devient ainsi celle de l'autre, selon l'idée déjà présentée de la fonction du bouc émissaire/elfe de maison qui fait transiter dans son existence les doutes et angoisses de celui auquel il appartient. En ce sens, je considère que Thomas a un profil proche de celui de Harry, prisonnier d'un ordre de mission sacrificiel – soigner ses parents et les traumatismes familiaux – implanté dans son esprit par le mécanisme de double peine.

C'est en travaillant avec Thomas de tous les aspects de son syndrome du sauveur, et en lui proposant de faire les liens qui s'imposent avec Harry, que j'ai accompagné son cheminement vers l'autonomie. Loin des besoins des autres et des désirs parentaux qu'il avait pris l'habitude de satisfaire en priorité, il se donne actuellement une chance de devenir l'adulte qu'il aurait dû être.

HISTOIRE DE GEORGIA

Adoptée étant enfant, porteuse d'un métissage ne lui ayant jamais été expliqué, Georgia se souvient à l'âge de 7 ans avoir porté une perruque blonde à son initiative, à son domicile et à l'école. Elle en conclut qu'en l'absence d'éléments concernant ses origines, elle cherche alors à correspondre à l'image idéale qu'elle imagine que ses parents se font d'elle. Comme Dudley que ses parents s'évertuent à traiter comme un bichon, alors qu'il se comporte comme un monstre, ses parents s'adressent à travers Georgia à une autre qu'elle, à cet enfant naturel qu'ils n'ont pas réussi à avoir, et ce malgré le fait qu'ils l'aiment de manière aussi inconditionnelle que surprotectrice. Cela lui est confirmé par son père qui, avant sa mort, lui explique avoir toujours eu peur que quelqu'un ne vienne un jour frapper à la porte pour leur réclamer Georgia et qu'il n'en soit définitivement séparé. Peut-être est-ce alors pour des raisons superstitieuses que jamais elle ne pourra librement parler de ses origines avec ses parents ? Parce que dans la supermatrice protectrice, nommer un évènement est déjà le faire advenir.

NOUVELLE COMPRÉHENSION DE L'HISTOIRE

La ressemblance entre les cas cliniques que j'ai rencontrés dans ma carrière de psychiatre et les schémas comportementaux nocifs des Dursley me fait penser que cette famille a un lourd secret. Ce dernier serait l'origine du monstrueux Dudley, enfant surprotégé plongeant peu à peu dans les abîmes de la folie mentale lorsque son parasite Harry finit par devenir son avatar dans la réalité. J'ai précédemment souligné comment il partage avec sa mère, Pétunia Evans, le même phénomène dissociatif, puisqu'elle-même se dédoublerait en son avatar, sa sœur cadette Lily Evans. Si nous ne pouvons, faute d'éléments, identifier la nature du secret des Dursley, nous pouvons stipuler que le monde magique est le lieu où il a été enfermé.

Néanmoins, d'autres éléments du réel de la famille Dursley nécessitent d'être abordés pour mieux ancrer l'œuvre de J. K. Rowling dans la tradition du roman social anglais. Il y a tout d'abord l'ensemble des crimes commis par Albus Dumbledore – je retiens par l'affirmative la négligence et l'assassinat de sa sœur – encore jeune adolescent au moment des faits. Est-il oui ou non coupable de ses crimes ? Après tout, on parle bien d'un enfant mineur, très tôt exposé à des responsabilités adultes (remplace le père), élevé dans un environnement de souffrance (maladie de sa sœur) et très vite abandonné par des figures parentales peu présentes (emprisonnement du père, mère en déclin cognitif ?).

On peut considérer, à juste titre, que les enfants ne peuvent être complètement tenus responsables de leurs crimes. Dès lors, et comme dans les procès d'assise plaidant l'irresponsabilité des actes en raison d'une santé mentale défaillante, Albus serait, de ce fait, gracié. Mais qu'il n'ait jamais été signalé comme étant enfant en danger auprès des services sociaux compétents, pas plus qu'il ne soit jugé ou ne reçoive des soins adaptés à son état – suivi, traitement, hospitalisation – pose question.

Parce qu'au contraire, Albus fait de sa maladie un triomphe, contaminant les enfants de Poudlard avec son mal, usant particulièrement d'une stratégie redondante de victimisation – on le persécute, on ne le croit pas, on ne le respecte pas –, tout en gravissant les échelons de la gloire et du succès – il obtient le prestigieux poste de directeur de Poudlard. Il semble ainsi que, loin d'être un repenti, Albus utilise au contraire ses plus mauvais aspects pour échapper à ses responsabilités et inverser les récits à son avantage. C'est d'ailleurs par le vécu d'injustice que la préparation de l'Élu Harry au sacrifice se réalise, la dernière étape de sa métamorphose revenant à s'implanter dans le psychisme de son élève pour ensuite renaître sous l'identité d'Albus Potter, gagnant ainsi symboliquement l'immortalité.

De manière plus générale, les états dissociatifs permettant de voyager dans le multivers – autres dimensions de soi – afin d'échapper à ses responsabilités ne peuvent être considérés ni comme un état protecteur, ni comme un facteur atténuant la gravité des faits. En dehors des troubles psychiatriques avérés – schizophrénie, état mélancolique, syndrome traumatique aigu – qui justifient la mise en place de mesures de protection sociale et médicale, ce sont au contraire des facteurs aggravants. Ainsi en est-il de toutes les substances psychotropes, qui dans l'univers magique sont incarnées par les philtres et potions.

En effet, les philtres d'amour peuvent maquiller la réalité avant qu'ils ne s'estompent cruellement, tels le *Veritaserum* qui permet de soutirer des informations à ceux ne voulant pas les divulguer.

3

HARRY LE MILLENIAL

Au terme de ces développements, une question cependant persiste : pourquoi *Harry Potter* ? Je veux dire, pourquoi cette œuvre de fiction a-t-elle connu un tel succès mondial – plus de cinq cents millions d'exemplaires vendus à travers le monde ! Tout ou presque a déjà été dit sur l'archétype du personnage héroïque de Harry, de sa lutte homérique contre les forces du mal, de l'aspect initiatique de sa quête et de sa résilience personnelle face aux épreuves qu'il surmonte. Personnage inspirant, son courage et son intrépidité lui permettent de renverser le joug de ses tortionnaires – les Durlsey – et de vaincre le péril qu'affronte le monde des sorciers – Voldemort. De telles prouesses en font le meilleur ami des enfants, lecteurs et spectateurs plus ou moins grands, en leur permettant d'exorciser les peurs que l'on a tous en grandissant. Mais de là à ce qu'il devienne ce phénomène planétaire ? Alors, pourquoi cette « Pottermania » ?

POTTERMANIA

Phénomène culturel qui a marqué le début du XXIe siècle, transformant non seulement l'industrie du livre et du cinéma, mais aussi la manière dont les communautés de fans interagissent en ligne et participent à la culture populaire, la « Pottermania » désigne cet enthousiasme frénétique ayant accueilli la parution de la série de livres *Harry Potter* écrite par J. K. Rowling. Toute la génération des Millenials est ainsi baignée par les exploits du jeune sorcier, phénomène mondialisé influençant non seulement la littérature jeunesse mais aussi le divertissement, la mode et les communautés en ligne.

La publication du premier livre, *Harry Potter à l'école des sorciers* en 1997, marque le début de la Pottermania. Chaque nouvelle publication de livre est accompagnée de lancements spectaculaires, de longues files d'attente, de ventes records. Les adaptations cinématographiques (2001-2011) qui suivent contribuent à l'expansion du phénomène, consolidant la popularité de la série à l'échelle mondiale.

Rapidement, les fans de *Harry Potter*, souvent appelés *« Potterheads »*, forment une communauté mondiale active, participant à des conventions, écrivant des fanfictions et créant des œuvres d'art inspirées de leur univers de prédilection. *Harry Potter* devient ainsi, à l'échelle des Millenials, ce que la saga *Star Wars* fut en son temps pour la génération X : une œuvre que l'on s'approprie et que la communauté des fans participe à développer et à faire rayonner.

Au succès commercial de la série, qui engendre une vaste gamme de produits dérivés – jouets, vêtements, parcs à thème comme le *Wizarding World of Harry Potter*– permettant aux fans de vivre l'expérience *Harry Potter* de manière encore plus immersive, s'ajoute le phénomène social et communautaire.

Des forums, des blogs et des sites de fans se multiplient pour discuter des livres, des films, des théories concernant cet univers foisonnant[110]. À chaque sortie de livres ou de films, l'événement se transforme en spectacle médiatique avec des fans n'hésitant pas à se déguiser en personnages et à participer à des activités thématiques. Une telle communion populaire inaugure l'ère des divertissements pour tous dont on ne veut plus quitter l'expérience, mais aussi des franchises multisupports transformant les livres en films et en produits dérivés.

POURQUOI *HARRY POTTER* ?

Mais par-delà les péripéties fantastiques de la saga et ces considérations commerciales se trouve surtout la structure particulière d'une œuvre en poupées russes, offrant mille niveaux et dimensions d'interprétations. Alors pourquoi *Harry Potter* ? Ma première réflexion est parce que c'est un conte. Et que, par nature, il est familier et insaisissable. Au fond, le génie des contes n'est-il pas de neutraliser l'horreur d'un vécu personnel ou familial en le projetant dans un temps où ces éléments n'ont plus de points communs entre eux ? En cela, ils sont une formidable manière de mettre en mot l'indicible, sans ne rien en dévoiler. À travers leur polysémie, c'est même une somme de souffrances humaines qu'ils agrègent dans leur récit et dont ils transmettent la morale comme avertissement. Exactement le cas de *Harry Potter*, dont la compréhension est sans arrêt amenée à être renouvelée. Harry, où comment naître pour durer.

---

110 - Des sites comme *MuggleNet* et *The Leaky Cauldron* ont joué un rôle central dans la consolidation du *fandom*.

Pour illustrer mon propos sur l'usage ancestral des contes, on peut se référer à une théorie popularisée par les films et la littérature de science-fiction, à savoir « l'hypothèse des anciens astronautes ». Elle suggère que des civilisations extraterrestres seraient venues sur Terre dans un passé lointain, influençant le développement des cultures humaines, des technologies et des religions[111]. Bien que largement rejetée par la communauté scientifique, cette hypothèse reste un sujet de fascination pour certains amateurs de mystères et d'archéologie alternative. Peut-être faut-il voir dans ce rétrofuturisme l'essence même du conte : un savoir ancien à déchiffrer qui rend compte des dangers futurs auxquels l'on se trouve exposé ?

Mais si la saga emprunte clairement au conte et à ses messages cachés devant être décryptés, elle participe aussi d'une expérience dissociative de soi, comme je l'ai déjà développé, ce qui la rapproche de la singularité d'une autre histoire bien connue des enfants : *Les Aventures d'Alice au pays des merveilles* (Lewis Caroll, 1865). Car, comme Alice s'assoupit et rêve au pied d'un arbre, on entre dans les méandres de la série comme au sein d'un rêve éveillé, sa structure semblant quasiment évoluer en temps réel pour des héros découvrant sans cesse de nouveaux territoires, de nouveaux lieux, de nouvelles pièces et de nouveaux personnages. Cette quête exploratoire, qui ne faiblit jamais et où l'on se montre invulnérable, est évocatrice du monde onirique. Or, le rêve est un langage fait d'images et de sensations, sorte de protolangage enfantin qu'il s'agit lui aussi de savoir déchiffrer[112]. Et puis, par définition, on

---

111 - Cette idée est popularisée par des auteurs comme Erich von Däniken, notamment dans son livre *Chariots of the Gods* (en français, *Au commencement étaient les dieux*), et a été relayée par divers documentaires et émissions comme *Ancient Aliens* (en français, *Aliens : Théorie selon laquelle des extraterrestres ont influencé l'histoire humaine*).

112 - Le protolangage serait une forme de communication pré-linguistique. Il serait composé de juxtapositions de sons sans soucis de syntaxe, de gestes, et d'expressions faciales permettant des échanges basiques pour la survie.

sait que rien ne peut vraiment arriver de néfaste dans un rêve, environnement protecteur à l'intérieur duquel le seul risque que l'on prend est de se réveiller, et dont les sensations, au pire désagréables, se dissipent ensuite comme les nuages. En bref, il suffit juste au lecteur de refermer son livre pour se sentir mieux.

Monde sans gravité, il faut croire que l'univers *Harry Potter*, malgré sa dramaturgie (le monde est en danger), ses enjeux élevés (Harry va-t-il survivre à Voldemort ?) et ses horreurs pénétrantes (montée du fascisme, multiplication des monstres et des morts) ne présente en vérité aucun danger pour les enfants, malgré son obscurité et les interrogations parentales sur sa nocivité. Comme si tout cela en vérité ne comptait pas, comme si tout cela vraiment n'existait pas – ce qui d'ailleurs est le cas. Parce que l'on n'est que dans un rêve inoffensif, et que cela, même un jeune lecteur est en capacité de le ressentir.

À cette expérience d'un rêve univers cette fois partagé avec le lecteur s'ajoute une autre caractéristique ayant déjà fonctionné dans d'autres grands récits populaires et pouvant expliquer cette adhésion de masse à la saga : l'apprentissage d'une nouvelle langue[113]. Dès lors, pourquoi *Harry Potter* ? Parce que son champ lexical est étrange. On observe ainsi dans la série un lexique riche et spécifique, propre au monde magique, qui peut être comparé à une forme de jargon ou à un langage spécialisé. Des termes comme « Moldu », « Sang-de-Bourbe », ou encore des sorts comme *« Expelliarmus »* ou *« Avada Kedavra »* sont des créations linguistiques enrichissant l'univers composé par J. K. Rowling et destinées à décrire une réalité magique bien distincte de celle des humains.

---

113 - La saga du *Seigneur des Anneaux* est une œuvre épique de fantasy écrite par J. R. R. Tolkien, composée de trois volumes publiés entre 1954 et 1955. L'auteur a créé plusieurs langues pour ses peuples fictifs, dont le Sindarin, aux fortes influences celtiques.

Ce langage spécialisé, qui reflète les dynamiques sociales et culturelles du monde sorcier, va peu à peu fonctionner de manière initiatique auprès d'une communauté qui en adopte l'usage : il y a ceux qui le parlent et se comprennent entre eux – les sorciers – et les autres – les Moldus. Cette langue étrangère, dont il s'agit d'apprendre les particularités comme des hiéroglyphes et qui, mieux encore qu'une identification, structure l'identité de lecteurs eux-mêmes en apprentissage scolaire, peut expliquer cette appropriation du monde magique comme mode de vie. Si l'on ajoute à cela l'essor d'Internet, et la nouvelle langue émergeante des geeks accompagnant le développement des communautés pionnières de la toile, la pratique de la langue *Harry Potter* donne le sentiment réconfortant d'appartenir à une vaste famille participant à prévenir les angoisses des Millenials.

GÉNÉRATION SOLO ET INVERSION DES PLACES

L'avènement des communautés en ligne, des interfaces numériques et des réseaux sociaux à grande échelle est donc aussi un facteur majeur de la diffusion de *Harry Potter*. En mettant peu à peu en lien des fans s'appropriant une œuvre labyrinthique conçue comme un jeu de piste, le phénomène de société de la saga s'inscrit dans le temps, renforcé par l'ouverture du site Web interactif de l'autrice, *Pottermore* (2011) qui devient *Wizarding World* en 2019 (elle y offre parfois en exclusivité de nouveaux écrits ou contenu aux internautes).

Les enfants qui grandissent avec Internet acquièrent en effet, à la différence de leurs aînés, une compréhension fluide et intuitive de son usage, ce qui les amène à faire émerger de nouveaux codes sociaux – modalités d'interactions, langage, création de contenu

– bousculant peu à peu les échanges traditionnels sans pour autant les remplacer. En créant ses propres modèles de développement, à l'abri de tout contrôle parental, les enfants évoluent dès lors au sein de cette matrice numérique comme au sein de Poudlard : librement mais sous une invisible surveillance, risquant à tout moment de transformer leur rêve en cauchemar (harcèlement, manipulation, humiliation).

En ce sens, l'univers des sorciers de J. K. Rowling, où une infinité de possibles s'offre à soi, préfigure celui en devenir du monde enchanté numérique. Dans ce monde, les Millenials n'ont plus besoin de référents parentaux stables : ce sont eux qui se débrouillent seuls, prennent leurs responsabilités seuls, forgent leurs convictions seuls et décident avec qui ils font famille par communauté de genre ou d'intérêt. D'après moi, ce monde ouvert fait référence à la situation tout à fait particulière des générations d'après-guerre, notamment celle dont ils sont issus : la génération X. C'est en effet à l'étage de leurs parents que, sous l'impulsion de la révolution des valeurs enclenchée par les *baby boomers* en 1968, ils subissent ou mettent en application les nouveaux codes de la société qui valorisent le mariage d'amour, démocratisent le travail, bouleversent les lois de la procréation (IVG, pilule) et facilitent les divorces. À mon sens, ce sont de telles caractéristiques qui remettent fondamentalement en perspective la place d'un enfant moins susceptible d'être élevé par ses deux parents que par une famille monoparentale – le plus souvent la mère.

C'est, selon moi, un autre point capital de la compréhension du phénomène *Harry Potter* : le fait qu'une génération d'enfants se soit sentie en totale résonance avec la destinée d'un petit orphelin. Parce que la génération des Millenials est une génération d'orphelins qui s'ignore. Non qu'il y ait numériquement plus d'orphelins au sein de cette génération, mais comparativement à celles précédentes, les enfants nés grossièrement durant les années 1980 et 1990 sont statistiquement plus nombreux à avoir vu le jour au sein de familles de divorcés ou recomposées. Car c'est une donnée que l'on doit prendre en compte : l'on peut se sentir orphelin sans pour autant ne jamais l'avoir été. Le phénomène d'inversion des places intrafamiliales, notamment, rend compte de cette nouvelle réalité. Dans ces configurations spéciales, les enfants se trouvent parentalisés[114] et/ou parentifiés[115] par leur environnement, qui utilisent leur ressource pour survivre ou surmonter leurs traumatismes. De tels phénomènes concernent tous types de familles, qu'elles soient unies ou désunies, mais surtout dysfonctionnelles car porteuses de secrets ou de traumatismes.

Loin de préjuger de l'amour que les parents de la génération X ont donné à leurs enfants, la génération des Millenials, aussi appelée Y, se définit ainsi moins en référence à une structure familiale plus ou moins traditionnelle qu'à leur propre modèle qu'ils ont adopté sur Internet ou via les grands récits issus de la culture populaire. C'est pour cela que l'on peut aussi dénommer la génération *Harry Potter* « génération solo », terme désignant une tendance sociétale émergente où de plus en plus de personnes choisissent de vivre seules et de développer une identité indépendante des relations de couple conventionnelles.

En associant destinée de l'orphelin à celle du sauveur, comme c'est le cas pour Harry qui entremêle les deux, on retrouve cette idée selon laquelle les Millenials ont eux-mêmes développé les facultés de notre petit sorcier. À savoir : protéger, stabiliser et neutraliser les traumatismes au sein de leur famille, parfois même au péril de

---

114 - La parentalisation est un concept qui se réfère au processus par lequel des enfants, souvent en raison de circonstances particulières comme la maladie ou l'absence d'un parent, assument des rôles et des responsabilités normalement attribués aux parents. Cela peut inclure la prise en charge des frères et sœurs plus jeunes, la gestion des tâches ménagères, voire la gestion des finances familiales.

115 - La parentification est un processus par lequel un enfant assume une fonction parentale – affective, émotionnelle, matérielle – visant à la protection de l'un de ses parents, voire les deux, donné(s) comme défaillant(s).

leur santé mentale, parfois même au péril de leur vie. Les grandes caractéristiques psychiques de cette génération – flexibilité et adaptabilité, engagement sociétal et politique, initiatives communautaires et forte tendance individualiste –, pourraient ainsi se comprendre par leur double statut d'orphelins/sauveteurs. Un peu comme un certain Harry Potter...

RÉPARER LES TRAUMATISMES

Sorciers technophiles, les Millenials sont donc porteurs du pouvoir de guérison, ce qui expliquerait à la fois leur quête de sens et de bien-être global, mais aussi leur intérêt non démenti à propos de la santé mentale. Car cette génération est souvent plus consciente des enjeux liés à la souffrance psychique que les précédentes, connectée – dans tous les sens du terme ! – aux enjeux transgénérationnels que pourvoient mécaniquement les inversions de place. Capables de remonter le temps – le Retourneur de Temps –, de révéler et neutraliser les secrets traumatiques – la Chambre des secrets –, mais aussi de porter les injustices familiales – Harry partage le sentiment d'injustice d'Albus –, les Millenials sont à ce point engagés qu'ils sont prêts à se sacrifier pour leurs idées et leurs convictions – Harry organise son suicide pour protéger ses proches. Ces violentes caractéristiques se retrouvent, à mon sens, dans la notion de burn out (surmenage) qui infuse aujourd'hui nos sociétés en permanence au travers de la notion de performance – *burn out* professionnel, *burn out* familial, *burn out* des aidants, *burn out* physique, *burn out* global !

Une telle théorie de Millenials émotionnels compensant les manques et carences des générations précédentes me semble admissible par le fait que l'autrice elle-même utilise des références historiques en toile de fond. Souvenons-nous.

La scène inaugurale de *Harry Potter et la Coupe de feu* montre Harry entrer en connexion avec Voldemort. Ce dernier se trouve alors au manoir des Jedusor en présence d'un certain Frank Bryce, jardinier moldu de son état et gardien du manoir des Jedusor situé dans le village de Little Hangleton. Décrit comme un vieil homme solitaire et au caractère épouvantable, injustement accusé par les villageois du meurtre de ses employeurs au retour de la guerre avant d'être innocenté, il reste ensuite dans le manoir au service des différentes familles qui se succèdent. Il est finalement assassiné par les partisans du Seigneur des Ténèbres afin d'éviter que les activités des Mangemorts ne soient découvertes.

Si ce personnage pathétique ne fait qu'une courte apparition au sein du récit, une caractéristique le concernant retient cependant mon attention : c'est un traumatisé de guerre qui revient de la Seconde Guerre mondiale avec une jambe raide et une profonde aversion de la foule et du bruit. Or, il était fréquent que les hommes revenus de la guerre soient justement sujets à des sautes d'humeurs, à des comportements agressifs, à des troubles cognitifs ou des conduites alcooliques.

Il est donc probable que ce jardinier, au vu de la description de son profil, ait développé soit un trouble de stress post-traumatique – reviviscence de traumatisme, cauchemars, anxiété sévère, réactions de colère ou d'agression –, soit un trouble de la régulation émotionnelle – difficultés à gérer et à exprimer les émotions de manière appropriée, colère et comportements agressifs, réponses disproportionnées dans certaines situations –, les deux étant évocateurs de pathologies de guerre. Cette référence à la guerre 39-45, l'autrice la poursuit en plongeant nos jeunes héros dans une temporalité scolaire de sept années – celle approximative de la Seconde Guerre mondiale –, durant laquelle les Mangemorts/Nazis imposent leur idéologie mortifère de pureté du sang à Poudlard.

Ces références multiples, loin d'être anodines, me semblent

au contraire indiquer la porte d'entrée de la dégénérescence de la famille Dumbledore, et par voie d'extension, celle s'étant développée dans la famille Dursley. La conséquence serait donc celle des inversions de places intrafamiliales, les enfants issus de cette descendance (Dudley et son double Harry) se trouvant confrontés à une mission de réparation.

Ce rapprochement entre la grande histoire et celle, intime, des familles, explique selon moi la trajectoire des deux cousins. Confronté aux secrets familiaux, Harry remonte littéralement le temps de la guerre pour se trouver à son tour y participer. Et pour y changer le cours des choses par son sacrifice. Mais comment ?

J'ai indiqué que le premier secret familial devait toucher la famille maternelle de Dudley, les Evans, en raison de la dissociation de sa mère Pétunia, en tous points identiques à celle de son fils.

Par ailleurs, Dudley rencontre les Détraqueurs à 15 ans environ, l'été suivant le décès de Cedric Diggory. Si je suis cette logique, Harry/Dudley porte la culpabilité de la disparition d'un jeune garçon, culpabilité prenant la forme des Détraqueurs qui aspirent l'âme de Dudley et le font basculer dans la maladie.

Cette disparition tragique est clairement un point de bascule dans la psychologie de Harry. Car il est porteur d'une culpabilité effrayante qui se matérialise par la montée du fascisme dans Poudlard, il crée ensuite l'Armée de Dumbledore en réaction et fait apparaître des traits de personnalité de plus en plus tyranniques, au point qu'il domine désormais son cousin à la fois reconnaissant qu'il l'ait sauvé, mais aussi très craintif envers lui.

Néanmoins, en absorbant la culpabilité parentale – mort de Cedric Diggory qu'il se reproche, retour de Voldemort dont il est à l'origine – Dudley/Harry sacrifie sa santé mentale à la résolution de ces problématiques. Parce que de bouc émissaire des Dursley, il est devenu leur sauveur, celui dont ils font, malgré ses troubles psychologiques, le secret le mieux gardé sous la forme de Dudley.

Ainsi va-t-il des Millenials, porteurs aujourd'hui de la lourde tâche de solder dans les familles l'héritage traumatique des guerres du XXe siècle et de leurs disparus – Seconde Guerre mondiale, guerre de décolonisation – en créant un nouveau monde magique/numérique au sein duquel la vie éternelle est à portée de clics.

DÉNOUEMENT

Gigantesque puzzle fragmenté et multidimensionnel, la saga *Harry Potter* révèle les secrets d'Albus Dumbledore, personnage double et manipulateur, cherchant par tous les moyens à échapper à ses crimes. C'est dans l'école de sorcellerie de Poudlard qu'il enfouit ses traumatismes, en plein cœur du monde magique, là où le vaste trou noir du sororicide arrête le temps. Et ce sont sur ses Élus – Tom Jedusor, *Harry Potter* – que repose la charge d'affronter le mal le dévorant. Soit en l'incarnant à sa place, sous la forme du mage noir Voldemort (coupable) ; soit en le combattant à sa place, sous la forme de *Harry Potter* (victime). Harry et Voldemort, comme les deux faces d'une même pièce de monnaie. C'est par leur entremise qu'Albus Dumbledore parvient à déjouer le temps, lui qui efface ses souffrances en transférant sa culpabilité à ses Élus, et qui gagne l'immortalité au travers d'exploits légendaires que l'on célébrera encore longtemps après lui. Mais ce mal coupable qu'il instille continue tel un serpent rampant de s'infiltrer dans sa lignée, le jeune Albus Potter semblant être l'Élu désigné pour devoir réincarner son lointain aïeul. Car tout comme Dumbledore a dû sacrifier sa sœur Ariana pour assurer sa renommée, la quête de reconnaissance par son père amène Albus Potter à porter la culpabilité de la mort d'un innocent.

En encapsulant ces monstrueux secrets dans un monde magique, l'écrivaine J. K. Rowling utilise avec génie les procédés du conte pour empêcher que son univers ne s'effondre sous le poids de sa gravité. En infusant les notions d'entraide et de solidarité enfantine, en emmêlant le merveilleux et le social, elle se fait éducative en rendant accessible à tous un monde ensorcelant. Dans celui-ci, des enfants clairvoyants triomphent du mal en inversant les ordres de filiation, orphelins détenant le pouvoir de changer le monde ou, tout du moins, de le transférer loin d'une réalité adulte indéchiffrable.

En faisant embarquer les enfants de nos protagonistes dans le Poudlard Express 20 ans après les faits – dans la pièce de théâtre *Harry Potter et l'Enfant maudit* –, l'autrice nous signifie ainsi que l'on revient toujours un jour ou l'autre dans le monde magique. Non, on ne quitte jamais vraiment Poudlard, que l'école de sorcellerie soit détruite ou reconstruite. Cette volonté active d'un monde restant, jusqu'à aujourd'hui encore, captif à l'égard des Millenials, c'est ce dont témoignent les dernières réalisations en date – le jeu vidéo *Hogwarts Legacy* – ou le prochain projet en cours – une série en streaming chez Warner pour les dix prochaines années. Interdiction de quitter Poudlard, exactement ce que je me dis lors de ma visite aux studios Universal Hollywood de Los Angeles.

C'est en parcourant la zone thématique autour de l'univers de *Harry Potter*, *The Wizarding World of Harry Potter*, que je croise au détours d'une déambulation les hologrammes des acteurs de la saga, Harry/Daniel Radcliffe, Hermione/Emma Watson et Ron/Rupert Grint. Souhaitant la bienvenue aux visiteurs, il est assez perturbant de les écouter prononcer des répliques des premiers films, avec leurs voix d'enfants, tout en ayant l'apparence d'adultes ! Grâce aux nouvelles technologies numériques du *De-Aging*, qui permettent de rajeunir ou de vieillir les acteurs d'un film, le tout probablement couplé à l'Intelligence Artificielle, leur jeunesse se trouve piégée et confisquée sous forme de fantômes éternellement condamnés à errer dans un Poudlard de carton-pâte. N'avons-nous pas ici la meilleure preuve que l'on ne quitte jamais Poudlard ?

Arrivé au terme de ce développement, j'aimerais sensibiliser le lecteur sur le fait que chaque récit comporte sa part d'ombre, et qu'il revient à tous de questionner les siens sans relâche. Ainsi va-t-il de la souffrance mentale, souvent en rapport avec des appréciations erronées ou interprétatives de ce que l'on pense être la vérité. Interroger, questionner, prononcer, exprimer, voilà comment soigner *réellement* le mal que l'on ressent. Et n'est-ce pas ce que cette saga m'a permis de faire, si riche par bien des aspects qu'elle m'a offert une véritable ressource d'analyse psychologique et même de thérapie pour mes propres patients ? À propos des études culturelles contemporaines enfin, ces dernières apparaissent plus que jamais nécessaires aujourd'hui pour mieux aider à identifier, non seulement nos mécanismes psychologiques individuels, mais aussi, à une plus large échelle, les enjeux sociaux auxquels toutes les générations, se confrontent. Si par l'intérêt que j'espère ce livre suscitera, il participe à changer un tant soit peu le regard sur soi, sur le monde et sur la santé mentale qui traverse aujourd'hui, dans nos sociétés, une véritable crise de moyen et de vocation, alors j'aurai atteint mon objectif.

Ouvrage publié sous la direction d'Aurélie Starckmann
Direction éditoriale : Caroline Terral
Relecture et correction : Mathilde Obergfell
L'éditeur remercie Orlane Patin pour son aide précieuse.
Conception graphique et mise en page : François Lamidon

ISBN : 978-2-226-498434
N° d'édition : 26151/01
Dépôt légal : mars 2025
Imprimé en France par Normandie Roto Impression s.a.s. (2500648)